重澤俊郎著

原始儒家思想と經學

岩波書店刊行

序

第一部では原始儒家思想の內容を具體的に且つ重點的に考論し、第二部では經學の本質に就いて敍述した。儒家思想を原始時代と經學時代とに區分することの是非及び其の方法に對しては、勿論多くの異論が豫想されるが、私は自己の到達した結論をありのまゝに披瀝して世の批判に訴へたまでゞある。

出來れば一貫した思想史を書きたい念願を有する私にとつては、第一部は正に其の冠首に位置する部分である。儒家以外の同時代の諸思想を并せ載せれば時代思潮は明瞭に出せるが、經學時代との歷史的な連絡はぼかされる憾みが有る。所謂諸子百家は、次の機會に改めて筆を取ることにした所以は此に存する。なほ荀子の研究を除外したのは、原始時代を扱ひ乍ら全く片手落ちの譏りを免れないが、荀子に關しては既に發表したことが有るので、重複を避ける爲めに省かざるを得なかつた。

第二部は經學の本質に關する問題を對象としたのであるから、經學史とは當然區別されなければならない。從つて經學に關する史實そのものゝ考證は之を其の專書に讓り、此では結論を導き出すのに必要な最小限の代表的事實を提出するに止めた。經學史は學界に既に少からず著述されてゐるに拘らず、經學史の哲學とも言ふべき問題の取り上げられたことは、寡聞の致す所未だ知らない。然し支那學の進步はかうした基礎事實の考證や解釋のみにいつまで留ることを許さない。斯る研究は固より必要に相異無いが、同時に之と並行して經學史的事實に立脚しつゝ、しかも之を乘り超えた高次の觀察が要求される段階に到達してゐる如く思はれる。拙論が此の方面に何物かを齎し得れば幸ひである。

原典からの引用文は、或ひは意譯し或ひは直譯し、或ひは返點を施すに止める等、統一の無い態度を以て取り扱つた。これは其の原文の難易の程度や、其の場合場合に於ける資料としての重要さなどの諸條件を勘案して、最も適當と思はれる形式を自由に選擇する方針を取つたからである。近頃は總て口語譯にするのが進步的とされてゐるが、實は少し讀める人なら却つて原文のまゝの方が眞意を誤り無く把握し得る場合も少くないのである。かうした事實も考慮の上で、形式上の整一を求めずに實際上の利便に從つたのである。

一九四八年一二月

著　者　記す

目次

第一部　原始儒家思想

第二部　經學の本質

第一部　原始儒家思想

前論

思想史の理解に際し、看過し得ざる二つの條件は、時間空間の問題である。此の兩者即ち歷史的制約と地理的制約とは倶に人間思惟に於ける社會的基盤を形成するものである以上、社會に生活し社會を對象として産出された知識の集合たる人間の思想が、此の制約を根本的に脫し得る筈が無い。純粹哲學の如く現實社會を超越せる問題を思索の對象とする分野に於いても、思索の主體が社會的生物たる限り、社會的制約から全く獨立することは不可能である。況んや支那思想の如く其の對象が主として現實的問題に置かれてゐる場合に在つては、其の制約は殊に強く作用する。支那民族最大の特徵は根深い實際的性格である。彼等は一般に人間の現實生活に關係無き事項に對しては、獨り興味を感ぜざるのみならず、之に心を用ゐることを學問の邪道とさへ考へた。現象の背後に在る本體、人間を超越せる神に對する關心の如きは、原則上甚だ稀薄であり、時に

第一部　原始儒家思想

これ有る場合と雖も單に論證の手段として要請されるか、或ひは外來思想の刺戟する所と爲つて派生的に出現したものが多い。例へば周末の道家及び一部の儒家、宋明理學諸家に於いては本體論的討究が試みられてゐるのは事實であるが、何れも別の結論を成立させ若しくは之を論證する過程に於いて、斯る思索を必要としたに止り、其れ自體が意識された窮極の目的ではない。思想の全體中に於ける其の比重及び意義は、其れを思想の本質とすることを阻んでゐる。孔子が性と天道とに論及することを避け、死や鬼神に對する關心を無用と斷定したのは周知の事であるが、同時に之は儒家一貫の基本的性格であると言つて不可は無い。後漢の賈逵が

凡そ先王の道を存する所以は要するに上を安んじ民を理めるのが目的である。本傳

と言つて學問の目的が政治上の實踐的效果に置かるべきを明かにしたのは、漢代儒者の當然であるとしても、最も哲學的思索の深さを以て特徵とする宋學に於いても、其の最終目標の所在は此と異るものではなかつた。

若し學問が實踐をしないでたゞ理論を說くのみでよいものならば、孔子の弟子が孔子に從つてゐた場合でも一日二日話を聞けば盡きてしまふ。何も多年孔子に師事してゐる必要は有るまい。然らずんば孔子の弟子たちは皆無能の人といふことになるが、恐らくそんな筈は無い。朱子語類卷十三

と言ふ朱子の説は明かに之を示す。又道德的價値が善の理解でなく善の實踐に依つて始めて結果せられ、善は實踐を媒介として我が物と爲るといふ見解は、哲學的思索が學問終極の目的に非ずとする立場を前提としてのみ成立する。彼等の學問には形而上學的要素が豐富に存し、或ひは其の基礎の上に成立すると言つてもよいかも知れないが、元來性理の學と不可分關係に在る邵雍の先天圖や周敦頤の太極圖は倶に道士陳摶の思想を受け、傍ら禪學の影響をも免れざるものである。彼等は儒家的意識の下に於いては二氏を排擊是れ力むるに拘らず、自己存在の大前提の中に既に其の規定を多分に被つてゐるのである。當時に在つて、經世致用の實學たる儒學の權威を維持する爲めに哲學的根據が要求された點に於いて、理學の哲學的性格が後天的手段的意義に止ることを示して居り、且つ哲學的根據を儒學自身の中に求め得ずして之を外二氏に仰いだ點に於いて、儒學本來の非哲學的性格を暴露したと言つてよい。理學以外にも支那思想が形而上學的領域に向つて發展した例は絶無ではないが、要するに其れ等は誘發的手段的であつて窮極の目的に非ずと言はなければならない。換言すれば、社會生活に對する直接的寄與といふ一點に於いてのみ、總ての學問が社會と結び附けられてゐたのである。

斯くの如く學問の目的が現實社會の問題に限定される所以は、形而上的問題が人間の知力に依つて說明されるのみで遂に解決し得ざるに反し、前者は人力に依る解決可能の範圍内に在るからである。此の意味に於いて彼等は人間中心主義者である。事態に對する説明は如何に巧妙に爲されるとも所詮説明に過ぎない。社會生活の現實的條件は之に依つて毫も改善されないが、社會成立の根本條件に關する理論の討究は問題の解決に依つて社會生活の向上充實を直接に結果する。支那民族は人力の能くせざる所を去てゝ人力の能くする所のみを學問の對象として擇んだのである。かうした强烈な人間中心的立場が釀成された理由を明確な形で提出することは、目下の所私にはできない。たゞ此の立場の成立する必須條件の一つが人間力への絶對信賴感に在ることを思ふならば、少くとも其の一つの有力な原因として不利な自然環境に於ける農業生活が擧げられる。凡そ人間の精神生活が獨立に存立し得るものでなく常に社會的物質的制約を强く受けるのは自明の理である。仰韶文明にまで溯り得る黄土地帶の長期に亙る農耕生活は、其の峻烈苛酷な自然條件の支配する所、支那民族をして自己の力以外に倚存すべき何物をも存せざることを腦裏に刻せずんば已まざらしめた。人力のみが自然の暴威から自己を護る唯一の手段であつた。かうした長期の生活を强制された結果として、彼等の間には先天性以上の人間絶對觀が發達して來たのではあるまいか。彼等の先天的民族性は勿論無視し得ざる比重を有するに相異無いが、實證的に追求し得る條件としては此の自然との關係は恐らく最も根本的意味を有すると思はれる。そして人力への絶對信賴觀念は彼等をして神を棄て固有の哲學體系を發生せしめず、獨り社會思想のみを高度に發達せしめるといふ重大な作用を營んだのである。

詩の國風小雅等には農民が自己の絶望的境地を天に訴へる事例が少くない。皮相的に解釋すれば此等は上に論ずる所の反對資料の如くであるが、これは君主貴族に依る人的壓制の前に己の無力を悲しんだ農民が其の自然の歸結として人間以外の權威を求めた叫びであつて、此の場合の否定效力は有しない。

斯くして支那思想の現實的性格が是認されるとすれば、其の內容を窮め其の史的發展の跡を明かにするに當つては、主として歷史學的社會學的並びに經濟學的方法が採らるべくして哲學的方法が從位に置かるべきこと、及び社會的基盤との密接な聯繫を先づ考慮すべきことの重要性は、特に强調されなければならない。支那思想史の學がやうやく最近に至つて始めて學としての成立を見たのも、要するに研究對象の本質に關する分析の不十分に由來する。支那思想史は支那哲學史（狹義の）とは全く範疇を異にする一科學たることの確認は、此の學問を正しく理解する爲めに絶對必要の前提である。

社會的基盤を形成する二條件の中、地理的條件として把握されるもの丶內容は經濟的現象に外ならない。人情風俗好尙の差異、例へば、

齊舒緩、秦慢易、楚促、燕戇投。論衡率性篇、吳承仕校錄意林引投作敢是也、今本作投者、草書形近之譌、又按今本亦通、投借爲敢、敢從攴豆聲、殳豆同屬侯部、聲紐亦同、舊多通假、戇投卽戇敢、文選長笛賦李注投與逗古字通、廣雅逗訓勇、

と言ふが如き、或ひは漢書地理志に記載せらるゝが如き地方的特色は、思想の地域性に對する有力な原因を爲すものであるが、斯る特色の發達を促す條件は根源的には何處に求むべきであらうか。之を周初封建制度確立以後の政治と地勢及び産業に求めてゐる地理志の態度は大體是認されて可いと思ふ。政治が積年に亙つて一定の方向を取る場合には生活に對する支配力を通して思想に或る偏向を生ぜしめることは容易に首肯される。土地の形勢、從つて其の産業が經濟生活の基礎條件を爲す以上、其の重要性は高く評價されなければならない。此の意味に於いて地理志は思想史上最も考慮を加ふべき二つの條件に着目し得てゐると言へるのであるが、唯産業を靜態的面に於いて捕捉するに止り、之を發展史的に取り扱ふ用意に缺けてゐる點は十分批判の餘地が有る。蓋し産業は基本的には地味形勢等の自然條件に支配せられつゝも、文化の發達政治の變化等人文的後天的條件に依つて著しく變貌される可能性を有してゐる。周初に確立された分土封建の制は既に政治上地方差發生の機運を開くべき性質のものであるが、東周の世中央權力の衰微と共に此の傾向は助長された。即ち封建社會の獨立化が急速に行はれるに及び、諸國對立に由る國際關係の緊迫は富國强兵の實を擧ぐる必要上各國をして自主獨特の政治を行はしめ、玆に政治的地方差は愈々濃化されるに至つたのである。經濟的にも其の自然的發達に依る以外に種々特殊事情に基づく地方的多樣性の高度化を馴致した。つまり支配者の國家主義的要求に起因する特殊産業の奬勵、戰爭の結果としての生產的特殊技術及び產業の交流、交通の發達が齎せる商人の活動範圍の擴大、廣域經濟圈の成立等が其れである。此等一連の經濟現象は直接には政治的刺戟を一つの有力な原因とすること勿論なりとしても、此の刺戟力を有する政治情勢を醞釀せしめた根本原因は徐ろながら不斷の變化を續ける經濟的基礎條件に求むる以外妥當な解釋は發見し得ない。殊に殷周の交代に伴ふ社會改革の後を承けた周代に在つては、殷族の擔當せる特殊の經濟的活動といふ條件も加つたので、經濟的發達の速度は他の時代に比して急快と爲るべき十分の理由を有してゐたのである(拙著周漢思想研究參看)。而して殷族の活動分野と其の方向とは、彼等の定住地の自然的人文的環境に依りそれぞれ獨特の樣相を呈するものである以上、此等各種因子の複合作用の結果が自ら顯著な地方的特色を形成するに至るのは極めて當然と謂はなければならない。此の政治と相互的因果關係に在る經濟的地方差は思想內容の特色を發生せしむる最も根本的制約である。

地域的條件と共に思想形成の社會的基盤を爲すのは歷史的條件である。歷史的條件は二つの側面から考察することが出來る。一つは社會其のものゝ發達過程であり、一つは思想家に對して精神的支配力を有する歷史的傳統である。社會の發達は時間的なものである。前述の地方的特色も、若し其の原因を發達段階の先後といふ點に重きを置いて考へるならば、之を時間の形式の下に轉入し得るかも知れないが、今此では東周時代の一般的社會制度を主たる對象として其の時間的變化を問題にしたいと思ふ。

抑も周室の樹立せる諸侯分封の制度は封建的形態を取るにも拘らず、實質上統一的精神を以て支へられたと言はざるを得ない。天子諸侯卿大夫士といふ支配者間の階級制は身分的傳統主義に立脚する道德律に依つて嚴肅に維持せられ、被支配者に對して支配者の權威を滲透徹底せしめるに有效であつた。此の階級制は實に封建制度の核心を爲すものである。又天子諸侯の間に存する「巡守」「述職」「朝貢」等の禮は、制度を通して中央の權威を常に地方邦國の支配階級に認識せしめんとする意圖に出たものであり、同姓不婚の法則、膰胙頒賜の儀禮等は、血族意識を通して同じ目的を達せんとする親族法的及び宗敎的措置に外ならない。經濟的發達が未熟の時期に在つては此の政策が確かに成功したことは、「成王や康王の時には刑罰を四十餘年も用ゐる必要がなかつた」の記事を以ても看取せられ、又尙書の康誥顧命の諸篇も其の時周室の集權的體制が十分確立されたことを示してゐる。然し周室を大宗とする血族意識の如きは時代と共に薄弱化するのが當然であり、同姓不婚の禁令は同姓間の隔離を齎すことに有效に作用する。而して法律制度の如きは諸侯の實力增强の前には固より何等の權威をも有し得ざるものであるから、急速度を以て變化する周末の經濟的情勢に對し、周室は自己を護るべき武器を全く有しなかつたと言つて可い。蓋し周室が建國以來因つて以て其の權威を維持し來つた總ての精神的形式的根據は、新しい經濟現象とは根本的に矛盾するものだからである。同樣の傾向が諸侯と大夫との間にも發生したことは言ふ迄も無い。例を魯國に取れば、襄公十一年三桓卽ち孟孫叔孫季孫の三家は新に中軍を創設し、公室を三分して各其の一を私有したのであるが、其の租稅收入は三家七公室五の比率と爲つてゐる。然るに二十五年を經た昭公五年には、三桓は中軍を解消して從來の上下二軍制に復したが、此の時には公室を四分し三家盡く國人を所有したので、租稅收入は全く其の獨占に歸した。本來所與の封地に衣食すべき陪臣が、公民を私有し全國の徵稅權を完全に掌裡に收めた此の事實は、魯の公室の存立する經濟的基礎が全く脅威に暴されたことを示すものに外ならない。斯る現象は獨り魯のみに止らない。齊の晏嬰は齊の陳氏が民心を得た所以を、

　齊にはもと豆・區・釜・鍾といふ四種の量の單位が有つた。中略陳氏は豆・區・釜の三種をそれぞれ增量したので鍾の量は非常に多くなつた。そして彼は他人に穀物を貸與する場合には增量した自家の量目を用ゐ、回收する時には公量を用ゐた。昭公三年左傳陳氏は大德は無いけれども人民に恩惠を施してゐる。齊の政府は人民から厚く徵收し陳氏は人民に厚く施したから、人民は自然陳氏に服した。昭公二十六年左傳

と說いてゐるが、これ陳氏が國人の困窮を救濟する美名の下に一種の低利現物貸付を行つたもの

である。しかし斯くの如き廣範圍に亙る社會政策的施設は、封建制度の精神からすれば、當然君主の特權に屬すべき所と爲され、陳氏の行爲は其の原則を表現せる「臣下は私的恩惠を施したり私的權威を振つてはならない」の趣旨を正面から蹂躪する結果を招くものに外ならないが、これが以上の如く大規模に公然と施行せられ國人爲めに陳氏に歸服した事實は、經濟的政治的實力が既に齊の公室を離れた證左である。「陳氏は大德は無いけれども人民に恩惠を施してゐる」の語は、陳氏の勢力擴大が道德に由らずして專ら經濟的手段を通して達成された實情を衝いたものとして興味が有る。晉でも叔向の言に依れば、欒氏郤氏等の舊族は凋落して政權家門に在り、公室は卑弱と爲つた。六卿の獨立は斯る地盤の上に始めて許されたのであるが、之を可能ならしめた窮極原因は家門の經濟的發展に存する。鄭の七穆、宋の戴桓の族の如き、程度の差こそ有れ、皆同一基礎に立つて勢力を獲得したのであり、此は當時を特色附ける極めて普遍的現象と言つて差支へ無い。要するに周初以來の封建組織は經濟的理由に依りて正に危機に直面したのである。

斯くて此の新しい現象は東周時代を特色附ける統一的封建制度分解の歷史を支へてゐるのであるが、此の分解が完全に終了して全く新しい原理に基づく統一國家の出現に至る過程に於いて周本來の其れと質を異にする封建制度が一時成立したことは注目に値ひする。所謂覇者の出現が其れである。覇者の最初たる齊の桓公が活動したのは春秋の初期であるから、此の時地方經濟は既に相當の發達を遂げ、經濟と政治との相互因果作用に依る諸侯の獨立的性格は着々强化されてゐた。霸者の存在意義は此の新しい情勢を考慮して初めて正當に理解される。霸者を基幹とする封建制度の特徴として、霸者と諸侯との間に周室と諸侯との間に存在したるが如き精神的關係は存在せず、兩者は專ら政治經濟を紐帶として繋がれたことが第一に考へられる。僖公九年の葵丘の會に齊の桓公が、「德を修めずして力を務む」と非難された理由は此に在る。第二に霸者は自己が先づ存して諸侯を分封したのではなく、獨立的諸侯が先づ存し、然る後其の服從に依つて成立した點に於いて、周室對諸侯の關係と全く本末を顚倒してゐる。霸者は諸侯に先行する者に非ず、諸侯の自由意志に依り統一的首班としての地位が是認せられて始めて存立し得るからである。第三に霸者は周室に依つて樹立された舊制度に拘泥すること無く、新情勢に卽應する獨自な政治を敢行した。例へば晉の叔向の言に徵すれば、

明王之制、使諸侯歲聘以志業、間朝以講禮、再朝而會、以示威、再會而盟、以顯昭明、（昭十三年左傳）

と有り、每歲一聘、三年一朝、六年一會、十二年一盟、の制が先王の規則であつた。然るに晉の文公は之を改め、

令諸侯三歲而聘、五歲而朝、有事而會、不協而盟。（昭二年左傳）

の制を設けたことを鄭の游吉は述べてゐる。又貢賦の輕重が時の霸者の承認に依つて適宜上下せ

られ、封地が覇者の命に依つて移易せられ、新君の君位が覇者の主宰する國際會議の承認を俟つて確定される等の制度は、所謂文襄之制の名を以て當時の社會秩序に重要な作用を營んだものゝ如くであるが、これ總て變化せる經濟的實情に立脚せる新しい政治と言つて不可は無い。然し經濟的變化が既に新しい政治制度を齎すに至れば分解の過程は愈々速度を加へ、舊封建制度は固より、覇者に依る新封建制度と雖も長期に亙つて其の權威を保持する能はず、遂には身分的傳統の支配を根本的に否定し個人の絕對的價値に秩序の淵源を置く、全く新たな社會の發生を見るのである。覇者に依つて行はれた新封建制度は、以上の諸點に於いて周本來の制度と區別せらるべき獨自の意義を有してゐる。傳統の權威は未だ全面的には否定せられずとしても、著しく弱化せられた。殊に後期の覇者と初期の覇者との間にさへ、傳統に對する觀念に頗る徑庭の存する事實が看取される。王の使者宰孔を堂から降りて拜した齊の桓公が葵丘の會に於いて諸侯に與へた五項の憲章は、孟子載する所に依れば、猶ほ古典的臭味を殘してゐるが、隧を請ひ王を招き敢へて鼎の輕重を問うた晉文楚莊に至れば其の傾向は漸變し、傳統の權威に對する顧慮は絕無に近いまで微弱と爲つてゐる。社會秩序を根柢から動搖せしめた此の急激な基礎條件の變化が、人の思想に深刻な影響を與へない筈は無い。精神的生産は物質的生産から獨立に考へられるものではなく、物質的生産ひいては生活條件の總てが決して不動に非ざる以上、時間的制約の主體としての歷史的條件の把握は思想研究上飽く迄不可缺の前提たるべく、其の重要性は思想其のものが現狀維持を主張するとか現狀打破を主張するとかの、內容上の差に由って左右される筈は無いのである。周本來の封建制度が精神的にも機構的にも破滅に瀕し、封建諸侯はそれぞれ獨自の自己中心的政策を强行し、侵略と國防に寧日の無かったのが、春秋時代の實情である。しかし此の時には猶ほ五覇に依って諸國間に或る程度の統一と協調とが保たれてゐたが、戰國に至っては斯る中心勢力は全く消滅したので諸國の交爭對立は尖銳化する一方であった　社會統紀の上から言へば混亂之より甚しきは莫いのであるが、然し政治的社會の出現といふ點に着目するならば、此の無秩序時代は歷史的必然の致す所として妥當した意義を與へらるべきである。殷代の宗敎的氏族的社會は周初以來勿論崩壞の方向を取っては來たが、統一的封建組織の鞏固な時代卽ち封建諸國の主體性稀薄なりし時代に在っては、經濟政治文化の何れに就いても多樣性の發生は期待し得ず、嚴密な意味に於いて政治的社會の確立を肯定することは困難である。政治的にも文化的にも經濟的にも、單細胞的組織しか有せざりし時代には、凡ゆる面に於いて封鎖的性格が濃厚であるのに反し、眞の政治的社會は開放的性格を必須條件として伴ふからである。然し春秋以後、完全に主體性を獲得せる諸國の有機的聯合に依る一世界の成立を見るに及んでは、事態は一變したと言はなければならない。東周時代は、其の社會的不安が新しい天下の構造原理に對する知識人の關心を刺戟したといふ直接的意味に於いてのみならず、政治的社會の爛熟に依つて人間が社會生活の根本問題に就いて眞摯に考究し得べき基本狀態を提供された點に於いても、重要な價値を有するものと言はなければならない。

以上は東周時代に於ける支那社會の一般的發達過程に就いてゞあるが、別の歷史的條件として、個人に對して精神的支配力を有する傳統の存在を考慮しなければならない。人間に影響を及ぼすべき社會環境は其の性質や規模に於いて固より極めて雜多であるが、其れ等は總て自然の中に蓄積せられ無意識の中に人の精神活動を制約する傳統を擔つてゐる。同一の社會狀態に生活しつゝも、社會的自覺に關する個別差は同一問題に對する態度や解釋の上に著しい差異を現はすに至るのであるが、此の社會的自覺に關する觀點の差は傳統の力に由來することが極めて多い。殊に宗教的儀禮血族的道德等と共存する精神的傳統の如きは、其の形式の不變性の故を以て恆久且つ强力なものであり、又或る種の理由に依つて、少數勢力が多數勢力の支配に服しながらも、祖先以來の風俗習慣を長く維持し、之を生活の規範として遵守し續ける場合が有る。此等有力な傳統はたとひ社會の發達に從つて表面上弱體化され之と遊離するに至つても、猶ほ特殊の形式を以て其の生命を保存するのみでなく、往往にして社會の發達其のものを阻止する作用さへ發揮すること史上其の例に乏しくない。周末社會思想の中、儒家墨家の如きは此の傳統に强く支配されてゐると言へる。孔丘墨翟は傳統に對して其のまゝ總て價値を與へんとする者では勿論なかつた。然し彼等の遠い祖先以來精神的に彼等を支配し來つた傳統の力は、思惟の根柢に於いて既に大きく彼等の思想を左右してゐる事實を否定し得ない。儒と殷人との關係、孔氏と宋國との歷史的因緣等の解剖に依つて儒家思想成立の由來が始めて剩す所無く闡明せられ、墨翟の身分師承等の究明が墨家思想並びに其の教團組織の理解、ひいては思想の社會的存在意義の理解に絕大の手掛りを與へるが如きは、すべて傳統と思想との不可分關係を示す著例である(拙著周漢思想研究參看)。思想家は其の當時の社會狀態に鋭敏に影響されると同時に、其の背後に纏着する特殊の傳統から免れることも不可能なのである。道家思想も亦宋國に存する獨特の傳統と深い關係の中に發達した。宋は言ふまでも無く殷の子孫が其の舊國人と共に封ぜられて其の祭祀を奉行する邦であるから、此には殷族獨自の風習傳統が社會生活の凡ゆる面に存した筈であり、又之を保存することが公許されたと傳へられる。要するに宋國には殷の文化が全面的に且つ根強く保持されたと認められるのであるが、此の異風殊俗並びに此の異風殊俗の故に自ら發生したと思はれる宋國の社會感情こそは、道家思想の出現を促した有力な溫床と見られる。斯る意味の傳統は多く信仰行事等と倶に存し、又は日常生活の中に滲透してゐるが爲めに、社會の經濟的發達の外に超然として長く存し容易に消滅するに至らない。社會の發達と直接對應する生活條件の外全く別個の生活條件を成立せしめ、知らず識らずの中に精神生活の全領域を規定する機能を營むものである。此の種の傳統的なものは生活と密接に結合する故を以て、意識され反省される機會から却つて比較的遠ざけられ、假令これ有りと雖も逆に神聖なものとして其の存在が再確認され合理化される場合さへ少くない。此が思想の特殊的性格の形式に至大の關係を有することは肯定されて可いと思ふ。儒家に於ける喪祭に關する觀念の如きは儒家特有の生活傳統と不可離の關係に於いて發達し、章甫褒衣の奇服は意識されても彼等は敢て之を改めようとしなかつた。周末の思想の中、特殊な傳統を比較的豐富に荷ふと認められる儒墨が大體に於いて保守的立場を取つて現狀維持を主張するに反し、荷ふべき傳統を有せざる法家が急進的現狀打破の旗幟を樹てたのは、思想に對する傳統の意義を概見するに足る事實として重要である。歷史的條件の第二として此の問題を取り上げる所以は此に在る。

東周時代における思想の發達は農業經濟の進步と相連る關係に在る。農業は殷代においても盤庚の河南遷都以後は相當に發達し、支配階級の相續も兄弟相承から長子相續に漸次變つたことが、殷墟卜辭や史記の記錄を通して明かに看取され、王國維以來は全く不動の定論とさへ爲つてゐる周の支配者が特に農業を重要視し、自己の祖先を農業神と結合して權威づけんとする努力さへ惜しまなかつたのは、其の背後に存する一般的條件と無關係に考へることは出來ない。農業生活の實在といふ先行條件の無い所に政治的意圖を有する農業神的祖先の崇拜などは、凡そ無意味だからである。纒りの有る思想は勿論東周に入るまで出現する機運に向つてゐないとしても、かうした經濟生活の向上は徐々に思想的發達を促す條件を爲したと言つて不可は無い。其の一つの例證を德といふ概念の成立に發見する。德字は郭沫若氏の研究に從へば殷代卜辭には現在まで發見されて居らず、西周の金器銘に初見するのであるが、(註一)此の字の概念内容は省心を意味すると言はれてゐる。德といふが如き相當進歩した抽象概念の成立自體が、既に之に相應する倫理觀念の一般的發達程度を窺知せしめるに足るのであるが、更に其の構成要素が省心を意味する部分に分解されることは、高度の精神作用が認識されてゐた事實を物語るものと言へる。心の反省は全く個人の理性に關する問題であり、德といふ道德的價値の基礎を此の個人の能力に置いた所に、當時の倫理觀念の發達段階を知り得るのである。

「夏の政は忠、殷の政は敬、周の政は文」といふ、司馬遷の言に示される殷代社會の宗教的な性格は、周に至つて著しく稀薄と爲らざるを得なかつた。神と人間との支配關係の存する所に宗教が成立するとすれば、人間と人間との支配關係の存する所卽ち政治が出現する。殷の氏族社會解體の後を承けて諸侯分封による封建制度が周人に依つて大規模に樹立されたのは、此の方向に社會が大きく動きつゝあつたからであり、同時に政治意識も此の制度の成立によつて發達の刺戟を受けざるを得ない。國語に依れば、西周の末葉厲王の時に一人の貴族が王に對して、「人民の口を防ぐのは川を壅ぐより困難である」と教へて輿論の重んずべきを說き、君主が輿論を知る手段として、上は公卿から下は百工庶人に至るまでの總ての階層總ての職業の者がそれぞれ特定の形式を通して行う政治批判に、君主は傾聽すべきを論じてゐる。これは明かに神意政治から民意政治への轉換である。道德にせよ政治にせよ、從來すべて宗教の權威に下屬した問題が新たに獨立して意識の中に取り入れられ、相互に刺戟を齎しつゝ急速に發達するのが西周から東周にかけての歷史であつた。そして此等が或る程度の發達を遂げた所に東周の世が開け、此の時代を背景として儒家を始めやゝ體系的な思想が大規模に展開されるのである。人間社會の根本問題を對象とする建設的論議や反省が可能と爲るためには、政治的社會の爛熟は何よりも要求される條件であつた。

當時の農民が如何なる經濟狀態に置かれてゐたかは、甚だ不十分な現存の資料からは的確な結論を導き出すに困難を感じる。詩經に有名な

我が公田に雨ふり、遂に我が私に及べ。

といふ句が見え、孟子及び後世の經學者は此に言ふ公田私田を其の主張する所の井田法の公田私

田と解してゐるが、此の公田は封建領主の直轄田を、私田は領主が農民に分給した田地を意味すると考へられる。井田法的な公私田ならば兩者は相接して位置してゐる筈であるから、詩の感覺とは少し食ひ違ひが生ずる。從つて農民は直轄田の耕作を通して勞働力を强制的に提出せしめられると同時に、私田の生產物の一部をも貢物として供出すべき義務を負はされてゐたことになる。その率は信據すべき資料を缺くので明瞭に把握できない。孟子は什一即ち一割であつたと述べてゐるが、此は自己の理想を過去の事實として假托したのみで、實證性を缺くのみならず、封建領主が必要に應じて相當の收奪を敢てし、農民は最低限度の生活さへ維持し得なかつたことは詩經や孟子に依つて確實に知り得る。土地關係を通して既に生產物と勞働力とを領主に貢供すべき義務を負はされた農民は、戰爭の際には更に其の爲めの勞働力や資材を徵發される運命に在つたし、又平時においても領主の狩獵に從つたり多くの手工業品を領主から要求されるのが常であつた。

左に二三の資料を示す。

　王事《いくさ》に疲るゝ我
　稷黍を蓺《う》うる暇なし
　我が父母は何をか怙《たの》める。
　王事《いくさ》に疲るゝ我

黍稷を藝《う》うる暇なし
我が父母は何をか食へる。
王事《いくさ》に疲るゝ我
稻粱を藝《う》うる暇なし
我が父母は何をか嘗める。（詩唐風鴇羽）

一の日には貉をとり
狐狸を捕へて公子の裘を作る。
二の日には同じく卷狩り
小さき豕は我のもの
大なる豕は公《きみ》のもの。（詩豳風七月）

私田の收穫は一定限度を上納するのみで、其の餘は自己の自由消費に委ねらるべき筈であるに拘らず、領主不斷の餘剩力收奪は農民の再生產は勿論のこと、日常の最低生活さへ不可能ならしめるのが珍らしくなかつた。自己の生產物に對する自由處理權は事實上彼等の手には存しなかつたのである。此の困難を克服する平和的な唯一の手段は高度の勤勞以外に無い。詩經には寧日無き彼等の生活が描寫されて居り、彼等は全家族の勞働力を總動員して僅かに自己に課せられた責務を果し得るに過ぎなかつた。

侯《こ》れ主、侯れ伯
侯れ亞、侯れ旅
侯れ彊、侯れ以。（詩周頌載芟）

と詠はれてゐるのは、家長以下衆子を盡して農耕に從事する困苦を物語るものである。こゝに「彊」及び「以」とあるのは純粹な家族員とは思はれず、多分奴隷の類であらう。「彊」や「以」が一つの家に常屬したものか或ひは流動的性質を有したものかは判定し難い。若し後者なりとすれば奴隷より自由を持つた勞働者と見なければならないが、恐らく此は一家に定着した奴隷的身分の者を指してゐると思はれる。（註二）奴隷の存在は此の詩とは獨立にも立證せらるべく、周末の新興階級を代表する呂不韋や嫪毒などが數百人の奴隷を所有したことは明かな記錄が有り、又娛樂的技術的奴隷が男女を問はず贈答の對象と爲つた事實も少からず傳へられてゐる。反覆繼續せる戰爭や農民の生活苦は、奴隷の發生には惠まれた條件と爲つたのである。

周末の經濟現象の注目すべき一つに農業技術の進歩が有る。それは農具及び灌漑の問題に分たれる。殷末既に青銅器文明に入つた漢族は西周において其の極致に達し、東周に至つて更に鐵器時代に進んでゐる。東周に出現したと信ぜられる犂は用材として鐵を使つた點で進歩してゐるのみでなく、深耕可能な其の形狀において特に劃期的であつた。犂の發明に依つて耕地は深耕されると同時に長方形の畝を爲すに至り、それは又牛の使用と相俟つて農業生產の能率を著しく高めることが出來た。春秋の中葉魯の宣公十五年魯國において、「畝に稅する」といふ新しい徵稅が行はれたことが有る。「稅畝」の解釋は古來一定しないが、所謂井田法の存在を前提として考へるのが普通である。しかし之は勿論誤りで、耕作技術の進步に伴つて農耕地が多く畝形を取るに至つた爲めに、領主は畝の數を標準として課稅する方針に出でざるを得なかつたのではあるまいかと思ふ。詩經にも

　其の畝を南東にす。

と見え、此の耕地形式が徐々に普及しつゝあつた實情を示してゐる。魯は宣公の時代に至つて此の形式が普及し、課稅方法を根本的に變ずるの已む無きに至つたのであらう。傳統的觀念からすればかゝる新しい徵稅方式は是認される餘地は無いので、春秋を解する者多くは「稅畝」を宣公の惡政とするのであるが、實は農地の變化に卽應した稅法の改正に外ならないのである。要するに「稅畝」は封建領主の農民收奪意欲の一表現には相異無いとしても、耕地の形狀變化といふ基本條件を見落して論じ得る問題ではないと思ふ。

　農地の形狀の變化や農業生產の上昇に伴ひ、灌漑問題は漸く注目の的と爲らざるを得ない。春

秋の初期、五覇の最初の一人たる齊の桓公が葵丘に國際會議を招集して五條より成る憲章を作つた時、其の第五條に

防を曲ぐること無かれ。

といふ條項を明記した。これは灌漑用水利の獨占禁止規定と言ふべく、水の問題が公式に取り上げられた最初であるが、戰國の世に入つては魏の西門豹が漳水を引いて魏の河内地方を灌漑し、韓の水工鄭國が涇水と洛とを渠に依つて連絡し以て灌漑に便した記事が、史記の河渠書に遺つてゐる。灌漑水利が重要な社會問題と爲るに至つたのは、農業經濟のすべての條件が從來の單なる井水への依存を許さなくなつた證左に外ならない。

商業の發達は從來の自給自足的孤立經濟の打破の上に可能であつたから、貨幣經濟と必然的に密接な關係に在る。原始的貨幣の出現は支那においては相當古へに屬するが、東周の世に至れば齊刀趙布の如き地方的流通貨幣が現れ其の盛行を裏書きする。春秋の末期に周の天子景王が大錢を鑄造せんとした時、單穆公は人民が資財を失ふの故を以て之を不可と考へた。單穆公の言ふ所は、政府は物價の高低に應じて大錢小錢を適宜發行し以て人民の經濟生活を便にするを本旨とすべきに拘らず、今十分なる理由無くして大錢を鑄造するのは國民經濟を破壞する、といふに在る。つ

まり當時の物價は大錢の發行を必要とする段階にはなかつたのである。之によると景王は大錢を突如發行することに依つて巨利を博し得ると期待した如くであるが、彼をして斯る過激にして無謀な貨幣政策を取らしめるに至つた事實は、封建貴族が貨幣經濟の前にいかに顚落に瀕してゐたかを立證して餘り有る。恐らく景王は國家權力を以て額面價値の大なる新法幣を發行し、之に依つて支配階級の見かけの經濟力を充實せんとしたのであらうが、單穆公は其れが徒らに人民の經濟生活を破壞するに過ぎないといふ不道德性を有することを理由として、之に反對したのである。貨幣の鑄造によつて巨利を博した例は民間にも乏しからず、前漢初めにおける吳楚七國の亂も、吳が鑄貨によつて蓄へた豐富な經濟力が根本原因を爲すことを、史記平準書は述べてゐる。

諸侯を周室に服從せしめ中央集權的封建制度を維持するに有效なるべき筈の精神的並びに物質的基礎が總て失はれるに從ひ、封建的諸規範は無力化して諸侯は漸次獨立國の實情を呈するに至つた。春秋以來助長されてきた此の一般的情勢は戰國に及んで極端となり、群小諸侯は幷合整理されて七大國の對立にまで進展したのである。しかし政治的には紛亂無上と稱せられる此の危局によつて支那社會が內部的に急速な進步を遂げ、支那全史を通じて最も貴重な一時代を經驗したことは看過すべからざる意義を有する。それは獨立國の對立によつて地方的文化の發達が促されると同時に其の交流が行はれたこと、並びに政治的社會の成熟を見たといふことである。文化にせよ政治にせよ將た經濟にせよ、其の中心が一箇に止るならば、言はゞ單一細胞的組織有るに過ぎない。周の封建制度は正に是であるが、今凡ゆる面において、一つの中心に統一された單一的形式が破れて中心が多數發生したことは、表面的には甚しき亂世の樣相を齎したもの〻、文化の内容を豐富にし思想に多元性を附與した點に着目するならば、支那文化史上魏晉南北朝時代と並んで、極めて重要な意義が有ると思ふ。

本論

此に原始儒家の名の下に取り扱はんとするのは、其の成立から經學時代に接する迄の範圍を含む。代表的學者を以て之を言へば孔子に始り賈誼に終る。漢の武帝が社會的要請に應へて儒家に依る思想統一を行ひ、孔氏を推明し百家を抑黜するに及んで、儒家の學は經學の形を取つて展開する決定的方向が與へられる。經學の名を以て呼ばるべき此れ以後の儒學は、其れ以前の儒家の學とは重要な點で甚しい差異を有する。經學は原始儒家からの展開には相異無いが、經學を成立せしむるには或る種の社會的條件が不可缺であり、此の社會的條件から獨立してゐた原始儒家は、其の立つ所の社會的基盤に於いて經學と截然區別されなければならない。人の精神活動が物質的社會制約から自由に非ざる以上、思想は現實を超克せんと欲しつゝ常に現實と離るべからざる關係に結ばれてゐる。漢武以後の經學時代に對して非經學時代を分立し、原始儒家を獨立の思想的一系列として把握すべき必要が、支那思想史の學に存在する理論的根據は此に存する。而して經學を含めての全儒家思想の本質、殊に其の社會的意義は此の區分を認める立場に於いてのみ完全且つ正當に理解し得るものと思ふ。

原始儒家思想の展開は五段階に分けて考究するのが當を得たものと考へる。一は孔子を中心とし孔子及び其の直接の弟子に依つて代表される段階、二は孟子に依つて示される正統派の第一次發展の時期、三は七十子後學の徒に依る第二次の發展段階、四は戰國末期の社會情勢を强く反映しつゝ特殊の發展方向を取つた荀子一派を通して示される段階、五は經學の成立條件に刺戟せられて其の契機を含みつゝ、猶ほ內容上原始儒家の最終段階を形成する賈誼を中心とする漢初の時期である。此等諸段階に關する本質的理解こそは、全原始儒家思想の討究の爲め必要にして十分な條件をなすものと言つてよい。

儒家思想の發生及び其の內容の形成は、本來遠く殷周の交代といふ政治的現象に關聯して考へらるべき性質のものである。孔氏が宋の湣公に出でて世々宋の大夫であり世本。商頌の疏引く、孔子四世の祖防叔の時華氏の迫る所と爲つて始めて魯の防邑に奔つた事實、孔子七世の祖正考甫が商頌十二篇を校した事實國語、孔子自らも殷人を以て自ら任じた事實禮記等は、儒家と殷との因緣淺からざるを示してゐるが、更に此の思想の發生地域並びに此の思想を儒と名づける理由を歷史的に研究するならば、其の殷文化との不可離性は益々明瞭に展示される。此の思想を呼ぶに儒を以てする所以は、周の建國後殷族の置かれた社會的環境の問題に着目してこそ始めて妥當な解釋が期待されるのである。

馬宗霍氏は其の著「通經致用說」制言第三十七第三十八合刊所收において、周禮大宰の「三に曰く師、賢を以て民を得。四に曰く儒、道を以て民を得」及び大司徒の「四に曰く師儒に聯す」の師儒が皆敎學を掌る職で、社會的有用性を本質とすること、荀子王覇篇の「德を論じ能を使ひて百官職事を施設するは聖王の道なり。儒の謹しみ守る所なり」を禮記王制所載の司馬の職掌と對比する時、儒の求用性を知り得ることの二つを根據とし、

此の言は王制と合致するから、儒が求用を本旨とすることを證するに充分である。士が官に入つて仕へることを目標とするのは、一に求用を以て本旨とするからである。故に儒字は需の發音に從つてゐる。これ卽ち禮記儒行篇に謂ふ所の「待聘」「待問」「待擧」「待取」と一致する。

の結論を提出し、更に之を證するに莊子荀子等を以てする。蓋し儒家思想の一旗幟たる經世致用の精神に着目し、儒字の本義を需に求めることに依つて儒名の發生を其の求用の本質に置かんとするのである。此の立場は儒家思想の發生に寄與した社會的歷史的條件を全く無視した點に於いて正しい觀察とは稱し難きのみならず、凡そ學派に對する名稱が他人に依つて與へられたといふ重要な素材を忘れてゐる。これは墨道法等諸家の名稱を吟味すれば皆其の然るを知るべく、獨り

儒家のみ例外に在るとは考へられないからである。

儒の名稱に就いて加藤常賢博士は別に一説を持する。博士は「禮の起源と其の發達」に於いて需字を須字と同音通義と考へる基礎に立つて儒を有鬚老人の名と斷定し、儒家の起源を民間有識者層に求めんとする立場を明かにされた。殷族との關聯は馬氏の場合と同じく全く問題外に置かれてゐるが、儒の發生を促した背後の社會性が考慮されてゐる點に於いて馬説に優る。然し儒が服裝に關する特異性を不可缺の要素として成立した概念たるは疑ふ餘地無く、而して此の服裝は殷族の習俗と離るべからざる關係に在ることも亦明かである。莊子説劍に趙の太子が莊周に對して

今夫子必らず儒服して王に見ゆれば、事必ず大いに逆はん。

と言ふを見れば、所謂儒服が莊周の國たる宋に流行傳播した服裝なるを知るべく、玆に殷の故俗との關係は到底否定することは出來ない。且つ殷族との關聯を重視することに依つてのみ、儒家の思想的特質を歴史的に跡づけることが出來る。私が基本的方向として胡適氏の立場を支持する理由は此に在る。凡そ社會的歴史的考究を伴はず、獨り文字の轉注假借にのみ頼る解釋が其の技術的發達にも拘らず實質上失敗に終ることを、馬氏は身を以て立證したと言つてよい。古い訓詁小学の有する限界が此に遺憾無く示されてゐる。（此の問題に就いては拙著周漢思想研究を參照）

一　孔　子

孔子の行事年代に關しては左傳史記を初め後人の著論一再に止らず、其の編年的研究に於いては古くは程復心の孔子論語年譜以下江永・狄子奇に及ぶ數種が存する。總ての問題が此等の書に於いて完全な解決に到達したとは考へられないが、思想史の立場に於いては之を更に穿鑿する必要は無い。思想史的に意義を有する問題は略ぼ明かにされてゐるからである。孔子に關して記錄される逸話傳說、並びに其の名に托せられる言說は殆ど無數と言つてよい。此を其のまゝ盲信する素朴的態度は固より排斥せらるべきであるが、單に之を否定し去る破壞的努力を試みるのみで其の歷史的意義を顧みざる立場も、亦同樣に偏頗の誹りを免れない。例へば孔子世家の「孔子の幼時嬉戲するに常に俎豆を陳ね禮容を設く」の一文は、必ずしも歷史的事實の忠實な記述とは考へられないとしても、其の歷史的意義は決して輕少に取り扱ふを許さない。此の逸話を史實と區別する一面、之が發生を促した背景や溫床に對しては飽くまで透徹せる考慮を加へるべきである。孔家が殷以來の宗敎的傳統中に包まれてゐた事實や儒家の根本主張に禮敎主義の存することを思ふならば、此の逸話が儒家思想に對して有する積極的意義は容易に肯定されるであらう。逸話や傳說を含む僞作文獻一般は、疑古的立場からのみでなく釋古的立場から其の建設的性格を評價しなければならない。斯る種類の文獻が思想の秘密に觸れてゐることは決して稀ではないからである。

孔子は弟子三千人、身六藝に通ずる者七十二人 文翁孔廟圖 又は七十七人 史記孔子家語 を算したと稱せられる。此の數字の信憑性は固より疑似の間に在るが、孔子の學問思想の普及に彼等の演じた役割は大なるものが有つたに異ひ無い。そして孔子に依つて率ゐられた此の學團の存在は支那民間教育史上注目すべき存在であつた。孔子の弟子教授は既に壯年時代に始つたらしいが、六十八歲遊說から祖國に歸還して以後の數年間は全く一個の民間教育家となつた。支那教育史上、大規模な民間教育團體の出現は實に孔子學團を以て權輿とする。此は殷族との關係を回顧する時其の必然性が發見される。卽ち殷の知識階級は亡國の民と爲つて以來、其の固有の知識を以て民間教育家として生活した者が多かつた事實に着目するならば、孔子が三千の弟子を擁する學團の頭首と爲るに至つたのも、正に歷史的歸結でさへあつたと言へるかも知れないからである。彼の行つた詩書の本文整理が支那に於ける文獻學の創始として少からざる價値を與へられるのと並び、民間教育團體組織の功績も亦決して過少評價すべき性質のものではない。

孔子の學問的系譜に就いて、史記仲尼弟子列傳は孔子の嚴事する所は周に於いては老子、衞に於いては遽伯玉、齊に於いては晏平仲、楚に於いては老萊子、鄭に於いては子產、魯においては孟公綽、數々臧文仲・柳下惠・銅鞮伯華・介山子然のことを口にしたが、然し孔子は之に後れて生れ時代を同じくしない。と言ふ。嚴事する所と記される老子以下孟公綽までは孔子と時を同じうするが故に何等かの關係の成立すべき可能性は認め得るが、之を實證するに足る文獻は存しない。臧文仲以下の數人は本文の明言するが如く孔子以前の人であり、直接に學問的關係を肯定する餘地は全く無い。此の記事とは別に、孔子は禮を老子に問ひ樂を萇弘に學び官を郯子に問うたといふ話が有る。樂を萇弘に學ぶの事は禮記樂記に「唯丘之聞諸萇弘」と有るに始り、家語觀周解・孔叢子嘉言篇に傳載される所、官を郯子に問ふの一事は左傳（昭十七年）に明文を見る。他に不易の確證無き以上直ちに資料的價値を與へ得ないとしても、有り得べき事に屬する。然し禮を老子に問ふの件は、種々の理由によつて之を肯定することは出來ない。此の逸話は極めて廣く普及され、道家の書は勿論、禮記曾子問や家語にさへ一再ならず記述される所であるが、此に言ふ老子が道家の老子を指す以上、時間的にも兩者會談の成立する餘地は無い。道家の老子は假りに實在したとしても孔子より約百年も後輩でなければならないからである。此の一件は恐らく本來道家が自己の儒家に對する優越を誇らんとして鼓吹し、遂に其れが儒家の書にも侵入するに至つたものと推測される。老子存在の實否や年代決定には細密な考證を必要とするのであるが、楊墨を排斥して餘力を殘さゞりし孟子が一言道家に及ぶ無きを以てしても、道家思想の社會的進出が其れ以後に屬することは略ぼ肯定されるであらう。又道家の思想内容と社會の變遷過程とを比較考察しても、孔子の時に老子道德經の著者の生存を是認することは到底不可能である。淸の崔述は

　戰國の時楊墨が並び起つたが、彼等は皆古人に托して自己の說を權威づけた。儒者は孔子を崇んでゐたから楊子の說を爲す者が反對者の老聃に假托して孔子を絀けんとしたのである。洙泗考信錄

と言ひ、楊朱の徒の僞作と考へてゐるが、彼が必ず楊朱の徒と爲す所以は、孟子がたゞ楊墨を攻めて黃老を攻めざるに在るのであつて、此の點思想の發展史的觀察を誤つた誹りは免れないが、要するに孔子禮を老子に問ふの一件が事實に非ずして道家の宣傳に發することは明瞭に斷定して可いと思ふ。尙ほ江瑔の讀子卮言は道家を以て他の總ての思想の淵源と爲し、

　道家の學が他の諸家に比して最も早く發生したことは已に述べた。然し早いと言ふのは決して老子の時代を指して言ふのではない。他の諸家の學はすべて春秋戰國時代に起つたのであるが、道家の學はそれ以前に在り、歷史の初めに淵源をもつてゐる。中略そして黃帝は言ふ迄も無く道家の始祖であるから、當時百家の學は未だ起つてゐなかつたに拘らず、道家は巍然

として立つてゐたわけである。然らば史官有ると同時に道家有りと言ふも可なるべく、更に進んで文字有ると同時に道家有りと言ふも不可は無い。

と論じてゐる。江氏の論は遠く漢書藝文志の道家者流史官に出づるの論に牽かれ、近く章學誠の六經皆史の說に左右されたもので、從つて兩者の失を兼ね備ふると言つて不可無く、全く歷史學的實證性を缺如したものである。道家的思想の素材若しくは萠芽が春秋の頃全く存せずと謂ふのではないが、江氏の如く體系的思想としての道家思想の成立を、他の總ての思想の源泉として之を黃帝に置くに至つては、根本的に否定する外は無い。

論語の「公山弗擾以レ費畔」の一節は種々の點から多くの問題を提供してゐる(註三)。先づ此の事件其のものを何れの年に繫ぐべきかに就いて、學者の見解が分岐する。孔安國は左傳定公五年陽虎季桓子を執ふる時の事と爲し、史記は定公九年陽虎齊に奔る時の事と爲し、崔述は定公十二年季孫氏將に費を墮たんとし公山不狃費人を帥ゐて魯を襲ふの事を以て之に當てる。王充・毛奇齡・梁玉繩等は孔安國に、劉寶楠は崔述に賛する。而して近人陳朝爵氏は「考正史記孔子世家」に於いて司馬遷を支持してゐる。資料の解釋に於いては崔氏が最も合理的と思はれるが、問題自體決定困難たるのみならず、今の場合解決を必する重要性を有しない。第二の問題は孔子が弗擾の召きに應ぜんとした事實に對する疑惑である。此の疑惑を提出した崔述は先づ此の記事の反道德的內容を指摘し、輔くるに論語季氏以下の諸篇には孔門の原本其のまゝでなく續成的記事を少からず含むといふ文獻學的理論を以てする。而して雜駁性混入の主原因としては張侯論の出現を擧げ、

此章與二佛肹章一尤害レ道誣二聖人一之大者、蓋戰國之士自便二其私一、而恐二人之譏一レ己、故誣三聖人嘗有二其事一以自解、傳レ經者不レ知二其僞一、而誤增レ之、而禹又誤采レ之者也。

と結論してゐる。凡そ崔氏の疑古的態度が近世學術の進步に貢獻したことは之を認めるに躊躇しないが、此の問題に關する所說は經學的規範意識が資料への公正な態度の樹立を妨害してゐるやうに思はれる。論語の後半卽ち所謂下論の資料的價値が上論に比して低いことは既に學界の定論であるが、此の說話は說苑や論衡にも夙に收めらるゝ所で、道義觀念のみを以て一擧に戰國の士の竄入と斷定することは出來ない。陳朝爵氏は孔子世家の誣妄謬戾が餘りに多いのを正さんとし、江永・孔廣森・崔述の論に稽へて「考正史記孔子世家」を作つたと言つてゐるが、此の一條に於いては世家の原文を支持して崔氏の疑惑を斥け、且つ曰く、

各家の辨論紛紛としてゐるが妥當ならざるものが多い。崔述は此を理由として論語季氏以下諸篇が孔門の原本でないことを疑ひ、進んで魯論語の舊本までも疑つてゐるのは大なる過ちである。

此の問題に關する限り妥當な立場と言はなければならない。第三の問題は此の章に示された孔子の言に春秋思想の起原を求めるの是非である。問題の核心は「吾其爲東周乎」の一句に在る。鄭玄は

東周據二時成周一。詩黍離正義引

と注し何晏は

興二周道於東方一、故曰二東周一。

と言ふ。惠棟は九經古義に於いて何晏に據り

此與二公羊黜レ周王レ魯之說一合。

と述べてゐるが、若し之が成立すれば春秋思想の存在を孔子に認めなければならない。蓋し成周の王室に對して新たに周道を東方魯國に興し、以て太平を致すの志を述べたものと解し、玆に公羊思想との一致を發見するからである。劉逢祿は之に對し

周自二平王東遷一、謂二之東周一、春秋之作、以平王開二亂賊之禍一、魯定公季平子陽虎公山皆畔者也、天用二夫子一、當レ復二西周之治一、故不レ爲二東周一也。論語述何篇

と解してゐる。此では東周は平王以後の東周と解され、鄭玄言ふ所の敬王の東周とは異るとしても、何晏の說に比ぶれば東周を固有の名とする點に於いて共通點を有する。而して春秋は東周乎

王以來王者の迹熄みたる爲めに作られたとする孟子以來の主張に立つて、孔子は東周を爲さゞるの意を明かにしたものと解するのである。從つて「徒」を「吾徒」と解釋する。故に惠棟と劉逢祿とは倶に春秋思想との關聯の中に此の章の意義を理解しながら、其の關係の在り方に對する把握は寧ろ逆の方向を指してゐると言つて不可は無い。然し惠劉の何れが正しいとしても、其の何れかゞ成立する限り、孔子と春秋思想との直接關係を是認しなければならないが、此は甚だ困難である。孔子と春秋思想との直接關係を肯定せしめる記錄は論語を主とする第一資料には絕えて見えない。史記や緯書の文に本づく今文學家の辯解にも拘らず（易と春秋とは高第の弟子に非ずんば授けざりしが故に直接關係を示す文獻を存せずと言ふ）、今日に於いては春秋學の發端を孟子以前に溯らせることは不可能である。孔子が弗擾の召きに應ぜんと欲したのも至道實現の爲めには君主を擇ばずとする彼の思想、及び周本來の正統文化の復興並びに維持を以て自己の使命とする彼の立場を思ふならば容易に解決し得る事柄であつて、春秋思想との關聯も道義との牴觸も初めから無いのである。こゝで公山の一章を特に問題としたのは孔子と春秋との無關係を結論せんが爲めで、其の前提として此の章に含まれる諸問題に對し一應批判を加へたのである。

孔子と易との關係も史記以來經學的通念と爲つてゐる。世家は韋編三絕を述べた後「假我數年云々」の一語を引いて、孔子の易に對する熱意を示す努力を試みてゐるが、論語を始め信據し得る文獻に關する限り、易との關係を承認する資料は存しない。陳朝爵氏は易傳を疑ふ所の歐陽脩以下王船山・崔東壁等の言ふ所を悉く「所ㇾ擧實瑣細、且皆臆測」前掲論文として排擊し去るが、理論徹底を缺くものである。論語に於いては易との關係を暗示する記事は僅か兩條に過ぎない。

子曰加㆓我數年㆒、五十以學、易可以ㇾ無㆓大過㆒矣。

此の一章は孔子と易との不可分關係を樹立する最も有力な基礎とされること周知の通りであり、且つ漢魏時代の論語學者は此の文の易を周易と解する點に於いて盡く一致してゐるのであるが、唯經典釋文に、

學易如字、魯讀易爲ㇾ亦、今從ㇾ古。

と有り、又隸釋卷十外黃令高彪碑に、

恬虛守約、五十以斅。

の文有るに徵すれば漢代にはかゝる解釋が有つたらしい。若し此の解釋が論語の原義を得たりとすれば、此の一條は易とは全く相涉らず、孔子の易に對する直接關係は最も重要な資料を喪失することになる。卑見を以てすれば字は易亦何れに作るとも義は須らく亦に取るべきで、之を周易の意に取るのは易の思想を孔子に本づける後世易學の影響に基因すると考へられる。鄭注に、

加㆓我數年㆒、年五十以學㆓此易㆒、其義理可ㇾ無㆓大過㆒、孔子時年四十五六、好ㇾ易翫讀、不㆓敢懈

惓一、汲々然自恐レ不レ能ニ究ニ竟其意一、故云レ然也。

と有り、鄭氏が齊古を以て魯を正す五十事なる釋文の言を幷せ考ふるならば(註四)、魯讀の亦を廢して古に從ひ易を周易の意に解したのは、鄭玄に始まるやうである。つまり高彪碑に遺る句讀は今文の通說を傳へるものと斷定すべく、從つて此の一章が孔子と易との積極的關係を是認せしめる十分な資料と考へることは不可能である。

孔子と易との關係を暗示すると稱せられる第二の資料は「南人有言」の章に於ける

不レ恒ニ其德一、或承ニ之羞一。

の二句である。此の句は前後の文勢上孔子の言と解せざるを得ざるが故に、孔子が周易恒卦九三の爻辭を引いたものと見るのが普通であるが、然し一般に易の卦爻辭の如きは其の發生史から考へて夙に社會性を豐富に備へてゐた筈であり、其の社會性の故を以て占筮の辭として取り入れられたのであるから、之を恒卦の獨占に歸するのは妥當でない。恒卦の爻辭と孔子とに材料を提供した共通の淵源が考へられるのである。占筮に用ゐられる言語に備はる一般的普遍性を思ふならば、此の二句に據つて直ちに孔子と易との不可分關係を肯定するのは明かに早計と言はなければならない。之と同樣のことが

曾子曰、君子思レ不レ出ニ其位一。

に就いても成立する。此の文は艮卦の象傳に見えるので、毛奇齡の如きは「曾子引二夫子贊レ易之詞一以爲レ證」と言つてゐるが、若し之が當時通用の成語であるならば、之を易の本文から得たものと解釋する必要は毛頭無い。

易と孔子との直接關係に對し、初めて公然と組織的疑惑を投じたのはやはり崔述である。其の主な理由は孔子と春秋との關係が孟子に强調せらるゝに反し、易との關係は孟子に一たびも言及せられざること、及び春秋論語易傳の文體比較論の二つに在る。彼が盡く孟子を信ずるの根本的立場は、遂に春秋を孔子の作として無條件に肯定せしめ、自らの文體比較論の一角に脆弱性を帶有するに至らしめたとしても、易傳と孔子との分離、引いては兩者の間に思想上距離を認めんとする結論は、今日と雖も不動の確論と言つてよい。

春秋と易とが倶に孔子から隔離された以上、孔子の思想を知る主要にして適格性有る資料は論語を殘すのみと爲つた。詩書は孔門常用の教科書であり孔子が之を高く評價したことは彼自らの言に依つて證明されるが、彼の思想的產物ではなく、詩については孔子詩を刪らざるの說が孔穎達・崔述・李惇等に依つて唱へられて居り、否定すべからざる眞理性を有してゐる。禮は執禮の語の示すが如く、實踐形態を通して演習されたと考へられ、今日の禮經を直ちに孔子に屬せしめることは出來ない。禮記雜記に

恤由之喪、哀公使下孺悲之二孔子一學中士喪禮上、士喪禮於レ是乎書。

と見え、之に依つて從來禮容を以てのみ傳へられた士喪禮が新たに文字に定着されるに至つた經過を知り得る。儒家が特に喪禮に深い關心を有したことは儒家と殷文化との原初的關係に徴して明かに肯定されるが故に、禮經の中喪に關する儀禮が最も早く竹帛に著けられたことは此の記事に依つてよく窺ひ得る。假りに士喪禮が孔子を俟つて文獻として成立したとしても、今日の禮經に規定せられる各種の複雜な、しかも支配階級の全生活を規律する道德法的性格の詳密な儀典が、悉く孔子の手に出でたと考へるべき理由は一も存在しないのであるから、禮經の成立を悉く孔子に求めるのは全く歷史を無視した議論に過ぎない。

仁を基礎とする道德說

孔子の思想を一言で表すならば、政治的には有德者による道德政治の原則を確立し、社會的には正しい封建制度を樹立する、而して兩者を可能ならしめる基礎として、先づ人間殊に支配階級の倫理的自覺及び向上を期せんとするに在る。倫理的自覺及び向上の前提として彼は自己獨特の道德說を提唱するのであるが、此の道德體系の出發點を爲す觀念、卽ち彼が認めて以て一切道德の根幹と爲す所のものは、言ふ迄も無く仁であつた。彼に於いて、仁は意識された道德の總和を

意味すると同時に、正にあらゆる道德に缺くべからざる共通の基礎として意識された。例へば

未㆑知焉得㆑仁 公冶長　有㆓殺㆑身以成㆒㆑仁 衞靈公　求㆑仁而得㆑仁 述而　不㆑知㆓其仁㆒也 公冶長

の如きは前者に屬する概念であり、

苟志㆓於仁㆒矣無㆑惡也 里仁　克己復禮爲㆑仁 顏淵

の如きは後者に屬する概念と見られる。然らば彼の謂ふ所の仁とは根本的に如何なる內容を有するものであるか。先づ其の基本的性格を究明しなければならない。

孔子が仁を說いた言葉は論語のみでも極めて多樣であつて、殆ど其の本質を的確に把握し得ざる程である。吾吾は彼の多くの仁に關する解說から歸納して其の本質に到達することが固より不可能ではないが、此に最も簡明に仁の基本的性格に觸れた語として次の一文を看過してはならない。

樊遲問㆑仁、子曰愛㆑人。顏淵

が是である。仁とは人を愛することを其の基礎觀念として備へてゐる。更に禮記の表記及び中庸に

仁者人也。

と見え、鄭玄は中庸に注して、

此の人の意味は相人偶といふ場合の人と同じであつて、人間意識を以て互ひに慰問する意味である。

と言ふ。孟子にも

仁とは人の意である。之を總稱すれば道と言ふ。盡心

の文が存する。鄭注は仁の本質を最も善く衝いてゐるが、要するに此の諸文から歸納される結論は、仁は其の字の示すが如く人と人との間に發露する自然の感情を指すといふことであつて、前の「愛人」の答へと相補ふに足るものである。更に別の方面から觀察しても、「志士仁人無ニ求レ生以害ニ人」の文を唐石經や文選注などの諸書が引用したものは、すべて「仁」を「人」に作り、易下繋辭の「何以守レ位、曰仁」の釋文に

曰人の人字は王肅・卞伯玉・桓玄・明僧紹のテキストには仁字に作る。

と有るのは、總て人仁の兩字がもと共通觀念の上に成立することを示してゐる。人間が正常の條件の下に於いて他人に對する時、同じ人類として自らなる愛情を生ずる。其れは分析すれば生物學的本能的力に支配されてゐるとしても、又其れだけに何人にも否定し得ざる絕對の事實と言へる。生物學的本能的なるが故に直ちに其れ自體道德ではあり得ないのであるが、絕對的普遍的なるが故に、之を道德の水準にまで高めるならば、規範として高度の妥當性を具へることは自明で

ある。仁は根源的には人間愛といふ素朴な自然感情以外の何物でもないが、孔子は其の人に於ける普遍性と絶對性とに着目して之を總ての道徳の基礎と爲し、然る上に自己獨得の倫理觀を展開するのである。

仁を凡ゆる道徳の出發點たらしめた本能的感情の普遍性及び絶對性は、同時に仁が道徳の總和の概念として發達することを豫約する根本的要素であつた。仁を缺けば如何なる道徳も成立し得ないといふことは、完全な意味内容を有する仁は總ての道徳を包攝することの謂に外ならない。具體的には、前述の素朴な道徳感情たる愛を主觀に深く内省した結果初めて出現するもの、先天的概念としての仁を客觀的對社會的關係にまで擴張した場合に成立する仁であつて、全くイデア的存在である。從つて此の仁の實現は、此に達せんとする主體の不斷の反省努力を俟つて始めて可能視せらるゝものであり、此の限りに於いて先天的概念としての仁とは鋭く對立するのであるが、兩者は無關係では決してない。而して先天的感情としての仁は孔子の道徳思想社會思想に直接的基礎を提供する方向に作用したのに對し、イデア的仁は儒家の道徳哲學の發達と相俟つて、後世宋學者が仁を理と解し、「仁とは義理に就いての言で境地に就いての言ではない」朱子語類卷二十と言ふが如き展開の方向を約束されたのである。

普遍的人間愛たる仁は同類意識の下に人間一般の基礎的關係を定立する原理であるが、若し一步を進めて人間愛の最も純粋强烈にして且つ典型的に發動する關係を考察すれば、血族間の愛情が求められる。同時に同類意識其のもの丶分析を試みるならば其の基底には血族意識の存するを知る。人は人類一般を知る前に先づ親を知り、親に由つて他人を知る。人間一般に對する同類意識は血族意識の擴大に過ぎず、普遍的人間愛は特殊的血族愛の展開に外ならない。殊に儒家においては此の順序は、

吾が老を老として人の老に及ぼし、吾が幼を幼として人の幼に及ぼす。

其の親を愛せずして他人を愛する者《こと》を悖徳と言ひ、其の親を敬せずして他人を敬する者を悖禮と言ふ。

などに見られる如く、道德的當爲とされるほど重要な意味を有してゐる。以上兩方面より觀察すれば人間愛の典型的な發露の形式は血族間の關係に在りと結論できる。肉親間の愛情は一般の人間愛に比してより生物學的本能的と言ふべきであらうが、其れだけに仁の最も基本的形式と見て差支へ無い。孔子は斯く考へて、肉親愛の感情を基礎として成立する一體系の道德即ち家族道德こそ、他の總ての道德の基礎と爲り之に先行すべきものとの見解を取るに至つた。

子曰、弟子入則孝、出則弟。

は言ふまでも無く孝弟の重んずべきを說いて居り、

孝弟也者、其爲二仁之本一與。

といふ有若の言は此の孔子の思想を端的に表明したものと言へる。もつとも後の一文は宋儒の立場に於いては特別の解釋を必要とすべき内容を有する。集注に云ふ、

或問孝弟爲二仁之本一、此是由二孝弟一可二以至一レ仁否、曰非也、謂下行レ仁自二孝弟一始上、孝弟是仁之一事、謂二之行一レ仁之本一則可、謂二是仁之本一、則不可、蓋仁是性也、孝弟是用也、性中只有二箇仁義禮智四者一而已、曷嘗有二孝弟一來、然仁主二於愛一、愛莫レ大二於愛一レ親、故曰孝弟也者其爲レ仁之本與。

と。宋儒の立場に在つては仁は最高原理であり、孝弟は論理上此の原理に依つて根據が與へられる一現象に過ぎないとせらるゝが故に、孝弟を以て仁の本とすることは決して成立しない。故に本文の「爲」字に重きを注ぎ、此の文を實踐上の段階を說いたもので道德の本質に關する分析に非ず、と解釋して自己固有の哲學との衝突を回避しなければならなかつた。然し有若の原意は、基本的家族道德の上にこそ他の總ての道德の成立し得べきを言つたものであり、殊に足利本論語には「爲」字が無いといふ文獻學上の證據を考慮に加へる時、集注の立場は本文の解釋としては取り得ないこと愈々明白と言はざるを得ない。

言ふ迄も無く孝は親を對象とし弟は兄を對象とする道德の名であるから、當時の父長的家族構

造の下に於いては孝弟は一切の家族道徳中最も主要なものであり、從つて之を代表し維持する基本的道徳であつた。一體社會規範たる道徳は、社會其のもの〻變化に應じて變化するのが當然である。道徳が社會の基本的變化に順應せざる場合には、社會規範たる本來の機能を失ふの外無きと共に、新しい社會の構想が發生する所、必ず之に妥當する道徳が樹立されなければならない。孔子は春秋末期の社會的混亂に直面して當時の社會規範の總てに就いて嚴正な批判を試み、其の價値性と妥當性とに對して徹底せる吟味を加へた。當時實際上社會秩序の原理として權威を有したものは武力並びに經濟力に基くものであつた。諸侯大夫等封建領主は詩の若干の篇が示すが如く小雅周頌等に其の例多し、自己の監視の下多數の農奴を指揮して公田を耕作せしめ、又先に引いた豳風七月の

一の日于《ゆ》きて貉を取り、彼の狐狸を取りて公子の裘を作る。

の詩や

十月稻を收穫し、此の春酒を作つて眉壽（老人）を介《たす》く。

などを見れば農奴は耕作の他、自己の手工業に依る生産物をも收奪されたことを知る。且つ之と並行して、新興階級たる商人が純經濟的關係に於いて農民を壓迫顛落せしめた事實は史記貨殖傳に見ゆる

白圭樂レ觀二時變一、故人棄我取、人取我與、中略能薄二飲食一忍二嗜欲一節二衣服一、與二用レ事僮僕一同二苦樂一。

の記事や呂不韋傳に不韋の家僮萬人、嫪毒の家僮數千人等の文に依つて窺ひ得る。此等多數の家僮が多く生産奴隷たりしは、白圭の用事僮僕の語に依つて略ぼ察知されるのであるが、然りとすれば彼等が僮僕として養はるゝに至つた原因の面からも、又かゝる多數の生産奴隷を必要とした階級の出現の面からも、社會の新しい經濟關係の發生並びに之に本づく秩序の成立を知り得るであらう。管子に

秋糴以レ五、春糶以レ束、是又倍貸也。

と言ひ、尹注に「謂富者秋時以レ五糴レ之、至二春時出糶一便收二其束一矣、束十疋也」と有るに依つても、商賈と農民間の經濟關係はよく看取される。事實上權力と經濟力との支配する世に在つて、凡ての社會秩序の原理が此に置かれるのは已むを得ない。そしてかゝる秩序の出現こそ封建制度の分解を促し、所謂一般的社會不安の原因を爲したのであるから、孔子の是認する所と爲つたのは、唯一つ人間愛肉親愛の自然的感情に出發する道德秩序のみであつた。凡そ人間にして此の自然の情を具備せざるは莫き以上、之を以て總ての道德の基礎と爲し、此の道德的基礎の上に社會秩序を建設するに若くは莫い。かうした道德的秩序は苟くも人類社會に關する限り、原則上時間

と空間とを超越して妥當する筈のものである。肉親愛から導き出された仁の道德こそは、其の自然性普遍性絕對性の故を以て、社會秩序の原理として最も根本的にして且つ强力永遠な權威と言へる。而も時間空間の制約を超えて維持される權威である。斯る權威に依つて支持される社會こそ最も理想的な社會と言つてよい、と孔子は考へたのである。孔子の提唱に係る仁の倫理家族道德の尊重といふことは、飽く迄も彼の社會思想的立場卽ち家族的構造を有する修正封建主義と不可分の關係に在り、此の關係を看過しては倫理觀の正しい理解は期待することは出來ない。

以上は孔子の道德說の純理論的面に於ける基本觀念であるが、斯る思想の發生には別に實際的契機の存することも勿論である。思想が一般に現實社會と獨立に展開せず何等かの意味に於いて之に必ず媒介されるが故に止らず、支那に於けるが如く、學問思辨の對象を人間社會の現實的問題に限定せんとする傾向の强い場合に在つてはなほ更である。孔子の家族道德倫理說形成の實際的條件を爲したものは、正に當時の家族組織の實態其のものゝ中に求められなければならない。而して當時の家族組織の形成には周朝成立以來採用された政策が甚だ深く關聯してゐる。周は殷を滅して後、周知の如く同姓子弟及び異姓の功臣に等しく領土を與へて之を天下に分封したのであるが、諸侯を長く中央から遊離せしめざる爲めに種々の方法を用意した。殊に異姓の諸侯に對しては最も愼重な手段を講じ、各種の行政的方法と並行して所謂同姓不昏の法則を設け、以て彼等を親族法的立場から融和せんと試みた。此の法則に依つて周の天子及び一族の諸侯は、勢ひ異姓との間にのみ婚姻關係を成立せざるを得ざることゝ爲り、玆に異姓諸族は血緣的に周の同姓諸族と密接な關係に入るに至る。此は周室の異姓統治上相當の成功を收めた政策であつたが、此の法則は單に國際間に於いてのみならず國內的にも準用せられ、少くとも支配階級の間に在つては支配力を有してゐた。此の法則の成功は、勿論單に周室に依る政治的强制力に求むべきではない。或る社會學者は人間には先天的に近親婚に對する恐怖觀念の存するを說き、又トーテミズムに依る族外婚の慣習が近親婚排除の原因であるとも述べてゐる。之に依れば同姓不昏的傾向は未開人の生活上の慣習若しくは感情として既に肯定されねばならず、それが支那に於いて周室の政策として特に强調されたことを思ふならば、周族に於いては此の傾向が本來强烈であつたとも想像される。郭沫若氏は周禮媒氏の「中春會二男女一」のこと、鄘風「桑中」の詩に一人にして孟姜孟弋孟庸に關係する事實、左傳昭公元年晉侯四姬を娶るの記事を根據として、同姓不昏の法が周初に存せざるを主張する。然し若干の違法悖禮の事實からは其の全面的否定は導き得ない。此の法則が春秋戰國に於いて支配階級の間に在つても時に蹂躪されたことは想像に難くないが、當時諸侯の婚姻關係に就いての統計的結果、並びに違反行爲に對する强い批判が各種文獻に少からず見えてゐることを思ふ時、郭氏の論は遽かに肯定し得ないのである。(註五)又禮記大傳に「百世と雖も昏姻を通じないのが周王朝の道である」の規定が見える。此が儒家一片の理想に過ぎずとすれば其れ迄であるが、凡そ斯る規定が假令理想的要素を含むとしても社會生活の實態から全く獨立に構成される筈は無い。同姓不昏の法則は此の方面にも肯定せらるべき理由を有する。此の法則及び慣習と並んで當時の家族組織を支へてゐたのは所謂宗法である。大宗小宗を根幹とする宗法は同姓不昏と相表裏し、財產權と祭祀權とを中心として父家長的家族構造を維持した制度であり、少くとも支配階級に在つては此の組織の外に生活し得ざる實質的觀念的權威を確實に備へてゐたのである。斯うした宗族組織が當時の社會生活の實態であり、又其れが血緣を原理とする社會秩序として頗る支配力を有してゐた以上、孔子が新社會の構想を立てるに際して之を無視し得なかつたのは當然である。蓋し其の否定は封建制度の全面的破壞を意味すると同時に、其の正常な運營は當時儒家の思想的立場に於いては、健全にして平和な社會、所謂修正封建制度の建設に貢獻すること少からずと考へられたからである。

孝弟主義の倫理觀は斯うした社會的現實から强い影響を被らずには濟まなかつた。宗族組織は本來周の封建制度と倶に發達したもので兩者は不可分の關聯性を有してゐるから、周の正しい封建制度を謳歌した孔子が宗族組織に高い價値を認めたのは當然と言はなければならない。儒家に於いて、獨り孝弟のみならず、家族成員個個の關係を規律する道德法、例へば父子兄弟から夫妻舅姑叔姪に至るまでの廣範圍に渉る道德法が細かく定立されてゐるのは、一に宗族組織の崩壞を防ぎ因つて以て健全な社會を出現せんと欲する思想的要求の結果である。

此の場合當時の家族構造が既述の如く父家長的たりし點は、孔子を始め原始儒家一般の倫理說に對して決定的制約を及ぼした。父家長的なるが故に、夫婦を中心とする結合が其の自然且つ正當なる權威並びに意義を認められず、父子なる縱の關係が家族構造の基礎と考へられてゐる。此の事實は換言すれば、血緣のみが重要視され、家族の構成要素としての非血緣的連鎖（血緣排除關係卽ち夫婦）が不當に輕視されたことを意味する。家族構造が封鎖的と稱せられる所以は此に存する。斯る構造原理を有する家族は累積に依つて如何に之を巨大ならしめることは出來ても、之を開放的に發展し得ない性質を有する。儒家の家族道德が、子の孝に對して父の慈を、弟の弟に對して兄の良を、婦の聽に對して夫の義を、幼の順に對して長の惠を說くが如く禮運、必ずしも一方的强制を本質と爲さゞるに拘らず、猶ほ且つ

子が其の妻に宜しきも父母が悅ばざれば離別する。子が其の妻に宜しからざるも父母が此の妻善く我に事ふと曰へば子は夫婦の禮を終身變らず行はなければならない。禮記內則

婦に七去の規定が有る。其の一つは婦が父母に柔順ならざれば去ることである。大戴禮本命

の如く、夫婦の自然關係を父母の立場より制約する强力な道德が說かれるのは此の爲めである。

封鎖的家族構造の中では、夫婦は自主性を全く主張し得ない埋沒的存在に過ぎない。孝弟第一主義の成立にも斯る封鎖的家族關係を考慮の外に置くことは不可能である。夫婦の結合が家族構造の基本的要素と考へられざりし所に、此の道徳説の一つの性格が樹立されるに至つたのである。

孔子及び儒家一般に於いて孝が基本的道徳感情であることは既に述べた。然らば孝の概念は分析すれば如何なる要素から成立するであらうか。先づ

今之孝者是謂二能養一、至二於犬馬一皆能有レ養、不レ敬何以別乎。論語

孝養也。大戴禮

等に依り親に對する奉養が第一の條件として摘出される。所謂養が單なる生育的物質的意味に止るものでなく、高度の精神的內容を要求したことは明かであるから、此の第一條件は必ず第二の條件たる敬へ聯關することになる。上引論語の思想は正に之を述べて居り（部分的解釋の如何に拘らず）、又

亨孰羶薌嘗而薦レ之非レ孝也、養也中略、衆之本敎曰レ孝、其行曰レ養、養可レ能也、敬爲レ難。祭義

君子生則敬養、死則敬享。祭義

の如きも、亦此の精神に觸れたものに外ならない。玆に敬とは事ごとに誠を盡すの謂で、一切の精神的價値の淵源である。孝の概念內容を爲す第三の條件は服事である。

有レ事弟子服二其勞一。論語

頒白者不レ負二戴於道路一矣。孟子

能以事レ親謂二之孝一。荀子

の等は、服事を孝の十分なる條件に非ずとしても、少くとも必要な條件と認めてゐる。服事は子の親に對する一方的行爲なるが故に、主體の價値の差に伴ふ行爲の從屬性を本質とする。孝の第四の條件として考へられるのは和である。

子夏問レ孝、子曰色難。論語

孝子之有二深愛一者必有二和氣一。祭義

の諸文に見られる所であるが、之に依れば和を愛情から導き出したことが明かに看取される。愛情は子の親に對する生物的感情であるから、親に對する共同性を本質とすると言はなければならない。さて孝が養敬事和を自己存立の不可缺の條件とする事實は何を意味するであらうか。原始的自然的狀態の下に於いて親子の關係を成立せしめる心理的根據を追求すれば、子の親に對する愛情と畏敬との二つを出でないと思ふ。子から言へば親は自己の生命的根源であり、自己の生活本能を滿足するものとして先づ愛情を感じ、次に生存上必要な知識並びに經驗體力等生活能力の優越者として絕對的價値を認識する。卽ち畏敬である。强制せられざる親子間の原始的關係は、此の愛情及び畏敬觀念の二者に依つて結合されるに過ぎない。これ以外に子を親に結合せしめる基本的條件は存しないのである。此の兩者は一切の社會的慣習や道德的規範に先行する原始事實であり、從つて其の本質は生物的たるを免れない。一切の社會關係は此の生物的感情或ひは意識に最初の基礎を置くのであるが、愛情からは共同關係が成立し、畏敬卽ち價値の認識からは從屬關係が成立する。而して孝の概念分析に依つて得られた四箇の條件の中、養と和とは親子間の共同關係に伴つて存在する倫理的現象であり、事と敬とは從屬關係に伴ふ道德的當爲である。蓋し養和がともに愛情に基づく現象なるに反し、事敬は倶に價値感に出發する態度に外ならないからである。親子關係を規定する共同及び從屬の原理は同時に社會生活の總ての關係に於いて悉く妥當することを思ふならば、親子關係を規律する爲めに發生した養敬事和を內に含んで成立する孝の德は、卽ち全社會關係の規律として普遍妥當性を備へること亦自ら明かと言つてよい。

以上孝の內容から考へれば、孝の形式性は一應不問に附されたるが如く見える。然し孝の形式性が苟くも封建的階級制度の存立と不可分の關係に在る以上、儒家に於いて之が强調されたのは當然である。故に曰く、

孟懿子問レ孝、子曰無レ違中略、子曰、生事レ之以レ禮、死葬レ之以レ禮、祭レ之以レ禮。論語

と。禮は孝の實踐形態に關する規範である。內に溢るゝ至誠有りとも實踐上禮の制約を無視する

ならば、身分的階級制度は崩壊の外は無い。蓋し周の封建制度の中に發達を見せた家族制度と密接な關係に在る孝の實踐が、若し其の無形式性の故を以て却つて封建制度自體を破滅に導くこと有りとすれば、矛盾之より甚しきは莫い。此の危險を防ぐ爲めには、形式的規範を立てゝ孝の實踐形態に制約を施す以外方法は無い。所謂「因心の孝已に萠すと雖も資敬の禮猶ほ簡」ならば、此の矛盾は永久に解消しない。孝經に見られる如き孝の階級的解釋は、つまり孝の形式性の問題に歸着すると思はれるが、此の思想は禮の觀念として孔子に在つて旣に發達してゐたのである。

孔子は仁の德を力說する一方、知に言及した場合が甚だ多い。知は判斷能力である。仁が「愛人」と說明されたのに續き知は「知人」と說かれてゐるのを始め、

仁者不レ憂、智者不レ惑。論語

知者樂レ水、仁者樂レ山、知者動、仁者靜、知者樂、仁者壽。論語

知及レ之、仁能守レ之。云々 論語

の如く兩者並置される例が少くない。これ兩者が別の範疇に屬する概念なるに拘らず、人間の德性として密接な關聯性を認められてゐる所以を示す。孔子の有名な述懷に、

吾十有五而志二于學一、三十而立、四十而不レ惑、五十而知二天命一、六十而耳順、七十而從二心所一レ欲不レ踰レ矩。論語

の言が有る。心の欲する所に從つて行動し而も自ら法度に合致し得た七十の境地は卽ち道德的極致であり、最高度の德性の充實を待つて始めて可能な事に屬する。つまり道德の總和たる意味に於いての仁の實現に外ならない。然し此の述懷に依れば、斯る道德的境地への到達は十五の志學を以て其の第一步を開始したのである。「三十而立」は集解に「成る所有り」と注し、梁の皇侃の義疏に

立謂所レ學經業成立也、古人三年明二一經一、從二十五一至二三十一是又十五年、故通二五經之業一、所二以成立一也。

と言ふ。「四十而不惑」は孔安國の注に「疑惑せず」と言ひ、皇侃の疏に

業成後已十年、故無レ所レ惑也、故孫綽云、四十强而仕、業通十年、經明行修、德茂成二於身一、訓洽二邦家一、以レ之莅レ政、可三以無二疑惑一也。

と言ふ。此の解釋が全面的に本文の眞義を得たものではないとしても、三十四十の兩段階が共に智的進步を述べてゐることは之に依つても確實と言つてよい。「知天命」は孔注に「天命の始終を知る」と爲し、皇疏引く所の孫綽・熊埋の二家も並びに高度の知的向上を前提として始めて到り得べき立場として解してゐる。「耳順」は鄭玄は

耳聞二其言一而知二其微旨一也。集解引く

と爲し、清の焦循は

學者自是二其學一、聞二他人之言一、多違二於耳一、聖人之道一以貫レ之、故耳順也、謂レ知二微旨一、此在下不レ惑知二天命一時上已然、不レ待二六十一矣。（論語補疏）

と爲す。二家說く所異りと雖も、要するに知的充實の極限を示したとする點に於いては一致してゐる。然るに「從心所欲不踰矩」の段階は馬融の注に

矩法也、從二心所一レ欲、無二非法一。

と言ふが如く、知的判斷を超越した境地と言はなければならない。皇疏が此の條を解して

年至二七十一、習與レ性成、猶下蓬生二麻中一不レ扶自直上、故雖三復放二縱心意一而不レ踰二越於法度一也。

と言ふのも正に此の意味である。知識の極限的充實に依つて却つて知識が否定せられた所に出現する道德的極致である。直觀的行爲が直ちに普遍的立法の原則と爲り得る境地であつて、此に至れば事事物物に卽しての知的判斷は已に不要に歸してゐる。しかも斯る道德的境地は十五より六十に至る不斷の知識追求の結果始めて獲得されたものに外ならずとすれば、知識の充實する所、必ず道德的向上の齎されることが看取される。德は知を離れて進められなかつたと同時に、知は必ず德性の向上發達を將來する。孔子は知德の關係を斯くの如く一元的統一的に考へて居り、自

己終生の體驗を以て之を實證したと言ふことが出來る。彼が好學を重んじ自ら好學者を以て誇りとしたのも、徳の充實を其の終極に豫想したものに外ならない。

知徳の基本的關係既に以上の如しとすれば、知は徳の完成を通じて實踐を豫定する。これが孔子及び儒家一般に於ける知の根本的在り方で、知徳は實踐を媒介として統一されなければならない。具體的實踐を約束せざる知識の集積が全く無意味とされるのは此の爲めである。孔子は「一以貫之」を以て此の實踐的倫理觀を示してゐる。卽ち論語の

子曰參乎、吾道一以貫レ之、曾子曰唯、子出、門人問曰何謂也、曾子曰夫子之道忠恕而已矣。

子曰、賜也、女以レ予爲二多學而識レ之者一與、對曰然、非與、曰非也、予一以貫レ之。

の兩章が是で、宋儒は貫を貫通と爲し一貫するものを忠恕に求めるのであるが、後章の一貫に於いては此の見解は明かに妥當しない。廣雅に「貫行也」と有り、兩章の一貫は專行の義で、抽象的に理解された理論の具體的實踐の意味に外ならない。後章の一貫が「多學而識之」の否定の上に置かれたのは其の有力な證左である。此の問題に就いて注目すべき意見を提出したのは淸の阮元である。

論語貫字凡三見、曾子之一貫也、子貢之一貫也、閔子之言仍舊貫也、此三貫字、其訓不レ應レ有レ異、元按、貫行也事也、原注省略三者皆當レ訓爲二行事一、孔子呼二曾子一告レ之曰、吾道一以貫

レ之、此言下孔子之道皆于二行事一見上レ之、非下徒以二文學一爲上レ敎也、一與レ壹同（原注省略）壹以貫レ之猶レ言下壹是皆以二行事一爲上レ敎也。（揅經室集卷二）

孔子の實踐主義的倫理思想はかくて始めて正當な理解に到達し、知と德との統一的關係もかくして始めて其の十分な意味が顯はされる。儒家が學問の目的を經世致用に置く實用主義を取るのは、此の倫理思想と不可分の關聯を持つてゐるのであるが、然し之は直ちに學問を政治に下屬せしめ、或ひは學問を生活の手段とするが如き卑俗な立場を許すものでは決してない。學問が斯る手段的意味に解せられたことは經學時代に於ける歷史的事實としては存在するが、其れは特別の理由から說明せらるべき現象で、孔子始め原始儒家の思想とは無關係である。

個人と國家

孔子の家族道德第一主義は、一切の道德は孝弟道德の上に基礎を置き、其の延長發展として成立するを要するといふ意味內容を有する。若し孝弟以外の原理に依つて支持せられ其の機能が反孝弟的な道德が有れば、たゞ其れだけの理由で否定せられなければならない。然し道德を初め總ての社會規範をして家族道德に下屬せしめんとする孔子の理想は、現實的には多大の摩擦を餘儀無くさせる。孝弟道德と全く異る淵源を有する諸種の社會規範は、常に支配者の權力と倶に存在し、孝弟道德の實踐を阻止するのみならず、其の存立に對して脅威を與へる場合さへ稀ではない。兩者の衝突は現實の社會生活に在つては、寧ろ普通の現象と言つて差支へ無いのである。孔子は此の矛盾に對して如何なる解決を用意したか。一言にして言へば、彼は個人主義への徹底に依つて甚だ容易に之に應へることが出來たのである。

元來仁と言ひ孝弟と言ひ、飽くまで非階級的な個人相互間に於ける自然發生的感情とされた以上、之を基礎とする孔子の道德說乃至全思想が個人主義に依つて一貫されてゐるのは異しむに足りない。此の意味に於いては儒家思想の基調は個人主義に在ると謂ふも過言でない。故に彼等としては孝弟尊重といふ自己の基本的主張が他の權威の前に危殆に瀕せしめられんとする最惡事態に直面した場合には、唯個人主義に徹底しさへすれば可いのであり、又其れが唯一にして且つ最も根本的解決に外ならなかつたのである。斯る際に現はれる個人主義の特殊な形態として先づ隱遁主義が擧げられる。孔子は嘗て衞の大夫寧武子の行動を評して、

寧武子は邦に道が行はれてゐる時は知者となり、道が行はれてゐない時には愚者となつた。彼の知者ぶりは眞似が出來るが、愚者ぶりは到底眞似ができない。論語

と述べた。寧武子の知愚、邦の有道無道の事實が具體的に何を指すかは、朱熹や宋翔鳳の研究にも拘らず猶ほ分明ならざる點は存するが、要するに一章の旨趣は孔安國・皇侃の說く如く、寧武

子が治世には出でて其の知を用ゐ、亂世には退いて愚を裝ふの賢明を賞したのである。又孔子は

用レ之則行、舍レ之則藏、唯我與レ爾有レ是夫。論語

を以て顏回を稱し、社會生活の極則として

危邦不レ入、亂邦不レ居、天下有レ道則見、無レ道則隱。論語

を說いてゐる。此等は總て無道の世に際しては隱遁して一身の保全を計るべしとする主義に外ならない。經世致用を力說し、學問修德の窮極の目的を政治的實踐に於ける其の具體化に置く儒家に於いては、社會から離脫し此の至上の使命を拋棄することは原則上は認められる筈が無い。然し極端な亂世に遇うて生命の危險を伴ひ、自己の抱懷する道德の履行が社會的には不可能と見られるに至れば、忽ち社會を去り道德生活の自由が保障される所の別の世界に隱遁し、此に一箇の理想社會を發見する態度を取る。これ卽ち個人主義への徹底であり、所謂明哲保身の道に外ならない。然し此の道は飽く迄變則的な一時の權道に屬し、經世致用といふ本來の目的達成上の非常措置に過ぎないのであるから、形式上の消極性にも拘らず其の意味は寧ろ積極性を含んでゐる。彼等が離脫する必要を認めるのは、家族道德的理想生活を脅かす統治權の及ぶ範圍であり、決して人間社會其のものではない。此の點に於いて道家の言ふ隱遁思想とは、名同じくして實異ることに注意しなければならない。道家の場合は其の社會否認の根本思想から導き出される高踏的態

度で、本質上消極的性格を有してゐるが、儒家の場合は社會を肯定し國家を是認し之に對して極めて積極的な關心を有するが故にこそ、正しき關心を示す上に障害と爲る當面の不純な世界から姑らく逃避するのみである。排斥の對象は常に倫理的理念と並存し得ざる現實的な國家權力であり、社會其れ自身ではない。從つて個人的世界に於ける隱遁生活と雖も、理想的な道德生活を實踐する以上社會に對して全く無意味な筈は無い。否孔子は孝弟道德を實踐する自己の内容豐富な生活を以て政を爲すものとさへ自負してゐる。

　或謂二孔子一曰、子奚不レ爲レ政、子曰、書云孝乎惟孝、友二于兄弟一施二於有政一、是亦爲レ政、奚其爲レ爲レ政。論語

此は一見驚くべき表現であるが、此こそ實に道家の無爲自然主義から來る隱遁思想との對比を最もよく示した言と考へられる。社會道義の維持發展に寄與し道德的價値を常に創造しつゝある生活は、形式の如何を問はず完全な政治行爲として價値附けられる。孔子の此の答へは儒家に於ける政治概念の範圍をよく示してゐると共に、隱遁思想の社會性並びに政治性の濃度を之によつて十分に把握することが出來る。

　個人主義の特殊形態として第二に擧げ得るのは、國家權威の積極的否定である。此は隱遁が外見上社會からの離脫といふ消極的樣相を呈するに反し、飽くまで社會に留つて而も敢然國家權威

に反撥を示す態度であつて、外見的にも積極的性格を備へてゐる。孔子は吳の泰伯が順序として周室を嗣ぐべきに拘らず、父たる大王の意が末弟季歷に位を授けんとするに在るを見、父の希望を蹂躪するの不孝を犯すに忍びず、身を隱匿して吳に奔つた行爲を極めて高く評價した。長子たる泰伯が位を受くるのは王位繼承に關する公法の規定であり、父の意に從ふは私情に過ぎない。然し孔子をして言はしむれば、孝道實踐の前には國法の權威は否定されなければならない。楚の葉公が

吾が黨に直躬の者が有り、父が羊を攘《ぬす》んだのを其の子が官に訴へた。直躬の解釋について、鄭玄本は躬を弓に作り、弓といふ名の正直な人と解し、孔安國は身を直うして行爲する者と解する。韓非子・呂氏春秋・莊子・淮南子等の記錄を照合するに鄭玄說が妥當らしい。なほ廣韻の直字の注に「直又姓也、楚人直弓之後」と有る。

と言つて自己の領內における法治の徹底を誇つた時、孔子は

吾が黨の直なる者は是に異る。父は子の爲めに隱し子は父の爲めに隱す、かうした態度の中に眞の直が有るのである。論語

と答へたのは有名な話である。父子の關係は絕對である。此の關係においては國法上犯罪を構成する行爲も相互に隱蔽しなければならない。若し其の行爲が普遍的道德の立場から排除せらるべき性質のものであれば、父子相互の倫理的關係の中に於いて之を處理すべきであり、かうした家族道德の場に於ける解決を試みないで國法の判定に委ねることは、國法の權威を家族道德のそれ

に優先せしめるものに外ならない。孔子は行爲の犯罪性を否定するのではなく、處理の方法に現れた反家族性に非難を加へたのである。家族的愛情優先の中にこそ、眞實の直を發見することが出來る。凡ゆる倫理的價値はたゞ家族道德の延長發展の上にのみ存し得るに過ぎず、從つて國法の無視は固より當然のことに屬する。斯る規定內容を有する國法は孔子に於いては實に國法たる價値を有せざるものであらうが、要するに家族道德の精神と背馳するが如き性質の國法は、其の如何を問はず忽ち否定されて可いのである。韓非子五蠹篇に直躬のことを載せた後、更に

魯人從㆑君戰、三戰三北、仲尼問㆓其故㆒、對曰吾有㆓老父㆒、身死莫㆓之養㆒也、仲尼以爲㆑孝、擧而上㆑之、以㆑是觀㆑之、夫父之孝子君之背臣也。

の一事を引き儒家を一蠹と爲す理由としてゐるが、これ個人を國家に先行せしめる孔子の思想が、法家の國家主義と相容れざる本質を有する顯證である。國家權威否定の思想は、實踐形態に於いては隱遁主義と相反するとしても、倶に一箇の個人主義を共通の母胎として發生して居り、儒家が家族道德的倫理觀を棄てざる限り、互ひに相表裏しつゝ永久に實際生活の中に規定力を持續するものである。

　人間の普遍的愛情を重んじ家族道德に最高權威を附與する當然の歸結として、孔子は未だ嘗て所謂國民道德を說いたことが無いのである。若し國民道德なるものが有りとすれば、其れは完全な

る支配者道德の存在を先行條件とし、其の反應として自然に發生するまでゞある。

季康子問、使二民敬忠以勸一、如二之何一、子曰、臨レ之以レ莊則敬、孝慈則忠、擧レ善而敎二不能一則勸。論語

これ國民は支配者に對して、無條件には如何なる道德的責務をも課せられざるべき精神を明かにしたものである。孔子は大義名分を正すに意を用ゐたと稱せられる。此は決して誤りではない。然し孔子の最も正さんと欲したのは支配階級に屬する名分であり、支配階級の道德的自覺である。支配階級が自己の權利義務の範圍や內容に就いて正しい認識に達することは階級制度の維持に絕對に必要であり、封建制度は之を前提として始めて其の成立が保障されるからである。然し被支配者たる國民大衆は全く其の關係を異にする。國民は君主に對して絕對自由な立場に在り且つ尊嚴な存在とされ、君主以下支配階級は庶民の存在を前提として初めて其の存在が意義附けられ、天に代つて之を養ふ爲めに設けられた庶民の爲めの機關に過ぎないと解釋されてゐる。尙書に「天は下民を降し、下民の爲めに君を作り師を設けた」と言ふ所以は此に在る。故に庶民は自己相互間の個人的關係を規律する爲めの道德は之を必要とするが、庶民全體が君主に對して或る義務を一方的に强制される意味をもつ所の國民道德は、初めから有り得ざる事に屬する。仁及び孝弟が個人對個人の感情たる以上、此から出發した道德が飽く迄個人を主體的中心として構成され

るのは怪しむに足りない。斯る道德體系に依つて維持される社會が孔子の理想とする社會であり、具體的には同姓異姓の諸侯が親族法の作用の下に中央に統率されて宗法的に組織される筈の周の封建社會こそ、正に之に該當することに爲る。支配階級は此の封建社會の維持發展に貢獻すべき機關であり、彼等に課せられた道德上の責務は總て此の目標に沿ふべく規定されなければならない。要するに孔子が決して支配者中心の道德を考へず、常に被支配者中心の道德を考へてゐたことは、其の倫理思想上の特色として注目に値ひする。君主に對する犧牲道德としての忠が彼に依つて未だ嘗て說かれなかつたのは、此の點から考へれば當然であつたのである。

孔子に於いては忠は其の造字の示すが如く中心の謂で、全く階級觀念を伴はざる個人間に於ける誠の道德を意味するものである。忠恕忠信等の語は之をよく物語つてゐる。忠が君主に對する絕對的道德の名として倫理思想史上重きを爲すに至つたのは、戰國末期君權尊重論者の唱ふる所に始り、後世强大な統一國家の基礎固きを加ふるに及んで普遍的に說かれたに過ぎない。孔子は君主の有する絕對性を强調し一方的犧牲を要請する道德は全く說かざるのみならず、時宜に應じて君主を易へることを道德上當然のこと〻認めてゐる。これ君主を牧民の機關として一手段視する思想の當然の歸結であり、「三たび諫めて從はざれば去る」を以て臣道の常法とする所以である。齊の崔杼の亂に於ける陳文子の行爲が「淸矣」の評價を與へられ、趙宣子が法の爲めに惡を受くるや、「惜しいかな。國境を越ゆれば其の罪は免れたのに」と言つたのも、亦皆孔子の思想に於ける個人と君主との倫理的關係を反映してゐる。(註六) 孔子をして言はしむれば、君主に事へるのは自己の社會上の理想を實現する一つの手段であつて、其の目標は飽くまで社會全體への寄與に在り、君主個人の如きは初めから問題とする所でない。故に君主が自己の理想實現に不適當と認められゝば去つて他の君主の下に走るのは當然の行爲である。君主と臣との關係は臣の自由意志に依つて決定さるゝを本體とし、君主は之を强制する權力を有しない。故に臣の去るを止むる能はず、寧ろ禮を具へて其の復歸を待つのが臣に對する君主の道義とされてゐる。これ孔子に始る儒家の個人主義的道德說を回顧すれば何等怪しむに足りない。

道德政治　禮樂主義

孔子の倫理思想が既述の如しとすれば、此の根本主義を政治の面に推し及ぼした時、如何なる政治思想が發生するであらうか。德治主義は其の論理的歸結として成立したものに外ならない。孔子は德治主義の理想を次の如く開陳する。

道レ之以レ政、齊レ之以レ刑、民免而無レ恥、道レ之以レ德、齊レ之以レ禮、有レ恥且格。論語

右は德治を謳歌した一例に過ぎないが、此では政は德と明瞭に對置せられ、兩者は全く矛盾概念

として使用されてゐる。從つて此に謂ふ所の政とは其の力の淵源を特定の支配階級に置く統治手段の全部を指して居り、德とは斯うした外的權威に由つて支へられるものではなく人間固有の內在的權威に基くもの、卽ち仁の德を意味してゐることが判明する。孔安國が政を法敎と注したのは法制禁令と解した朱熹の合理的なるに及ばない。社會生活に於ける總ての秩序が普遍的人間愛を基礎として成立すべき以上、政治が德に依つてのみ行はるべしと言ふのは極めて當然である。德治が刑治政治に勝るのは、其れが本來人間性に根ざし、本質的に人間の共感と心服とを博し得るからである。此の意味に於いて孔子は德治は强壓の政治に非ずして感化の政治なりとする。彼が魯の季康子に對して

　政は正であるから、あなたが自ら正道を以て下を帥ゐたならば、誰一人として正しからざるものは無い。論語

　苟くもあなたさへ欲しなければ、竊《ぬす》みを賞しても人民は竊みをしない。論語

と答へたのは、政治の本質は人心を敎化するに在るべきこと、並びに敎化成立の前提として先づ爲政者が自己を正すの必要を述べたものである。彼に於いては政治は力學的に人民を操縱することではなく飽くまで人心を正すに在る。政治は少數者の多數者に對する權力支配の關係を成立せしめる所以に非ず、擇ばれたる指導階級が道德に依つて多數者の福利を齎すを目的とする敎養感

化の手續きたらざるべからずと爲すのである。此は當時の政治の概念及び實際とは正に相容れざること勿論であるが、彼は飽くまで之を打破し、權力に依る支配形態を否認して道德に依る敎化關係を確立せんとしたのである。蓋し法令刑罰等所謂政治手段が無用に歸するのは、自律服從の意志が被治者に生ずるからであるが、之を生ぜしむる唯一の條件は爲政者の道德的反省と其の感化とを措いて外に無いと考へたからである。

　爲政者が自己自身をさへ正しくすれば政治を行ふことは容易であるが、若し自己自身を正すことが出來なかつたなら如何にして人を正すことが出來ようか。論語

　君子の德は風、小人の德は草のやうなものだ。草の上を風が吹けば草は必ず其の方へ倒れるから。論語

と言ふのは德の偉大なる感化力と其の政治的意義とに言及したものである。

　さて德治が力に依る支配に非ずして感化に依る指導なりとすれば、君主に對して極めて嚴肅な道德が要求されるのは固より當然に過ぎないが、孔子は單に君主の修德を要求するのみで拱手して其の社會的效果を期待するものではなく、道德政治の實施に必要な具體的手段を用意してゐた。禮樂が卽ち是である。

　禮樂不レ興則刑罰不レ中、刑罰不レ中則民無レ所レ措二手足一。論語

興二於詩一立二於禮一成二於樂一。論語

前者は純粋なる政治的要具として、後者は個人の完成を中心として、禮樂の重んずべきを言つたのである。孔子が刑に對立する概念として禮を掲げたことは上に引用した言に既によく表れてゐた。然らば刑に對する禮の優越性は何處に求めらるべきやと言ふに、

夫禮禁二未然之前一、法施二已然之後一。史記太史公自序

なる言葉が之を雄辯に物語ると思ふ。普通の法概念に於いては、法が規律の對象を行爲のみに置くに反し、禮は行爲以前の意志にまで進んで之を規律する能力を有する。これ禮が法に備らざる感化の機能を有するからである。儒家言ふ所の禮は具體的には法律的規範をも含み得る廣いもので、形式上所謂刑と一致する場合も有り得るであらうが、其の精神に於いては兩者は截然たる區別を有する。「禮不レ下二庶人一、刑不レ上二大夫一」曲禮「法無レ常而禮無レ列」禮運の如きは此の精神の一例である。「君親無レ將」の如く、君と親に對して用意された犯行は未遂と雖も之を罰する法的規定の存在は、一見禮と法との根本的區別を疑はしめること無きに非ざるも、これは却つて儒家の法が禮的性格を如何に豊富に帶有するかの證左とこそ爲れ、兩者の限界を不明確ならしむるものでは毛頭無い。孔子が禮を尊ぶのは、第一に此の意志をも律し得る感化作用の故であり、從つて道徳政治は禮治主義と相伴ふと言つて不可は無い。然し此の事は禮が全く形式を離れて存在する

ことを意味しない。禮の機能が感化に在るとしても、既に行爲の規範たる以上一定の形式を通して其の機能を發揮するのが原則である。孝の如き基本道徳の履行に際しても、孔子は禮の定むる形式に準據すべきを强調し、若し禮に違へば其の動機の善良なる場合と雖も、其の行爲が道徳的價値を認められないのは此の故である。一體儒家に於いては「禮が勝てば分離する」樂記と說明せられ、禮は人と人との間を分離する作用を本質上具へると考へられてゐる。分離の作用は卽ち差別の作用に外ならないから、此の點に着目すれば孔子に於ける禮の强調も亦畢竟人間社會に於ける差別意識の確立、換言すれば階級制度の維持と不可分の關係に在ることが理解される。これ禮治主義の第二の理論的根據である。基本的道徳自體が既に孔子の理想とする封建的階級制度に卽應することは勿論であるが、更に其の實踐形態に一定の標準を設置することに依つて、益々其の效果を高からしめんとしたのである。然し禮の有する斯くの如き性格は、禮が本來の精神を喪失して空しく形骸のみを殘するに至る弊害を生じ易い。孔子は此の危險を豫知したが故に

禮と云ひ禮と云ふ、玉帛を云はんや。論語

の警告を發したのであるが、其の意味は鄭玄の解するが如く、「禮はたゞ此の玉帛を崇ぶのみに非ず、貴ぶ所のものは上を安んじ民を治めるに在る」のである。つまり禮の本質は玉帛圭璋を贈受する際の外面的形式に存するのではなく、飽くまで其の政治的機能に存する所以を明かにした

のである。要するに禮は形式を離れ得ざるものではあるが、此は其の精神を具體的に顯現し若しくは維持する爲めの手段に過ぎず、飽く迄人心の感化に依つて道德政治に寄與することを本領とするのである。

然らば民間に無意識的に傳承された習俗の如きは、其の機能及び精神に於いて多くは禮に反するものではないが、之を禮の資格有るものと言へるであらうか。廣義の社會規範にして、内容の敎化的機能を本質として樹立されたものは、禮の概念を逸脱することは無いわけであるが、然し孔子の理念を以てすれば習俗を以て直ちに禮とすることは出來ない。少くとも政治的に完全な意義を備ふる禮は、理性的反省を加へ其の規範性の價値批判を經るを要する。習俗の如きは禮の母胎とは爲り得ても直ちに禮其のものではあり得ない。其の規範性は未だ嘗て批判されず、傳統的に遵守されるに過ぎないからである。規範としての價値の批判の要求は、禮の淵源の問題と關係する。實際上禮の起源は古代の宗敎儀式に求めるのを至當とするが、儒家の禮論が斯る民族學的解釋を拒否することは言ふ迄も無い。孔子自身に於いては、禮の起源の問題は意識的に論ぜられるに至つてゐなかつたが、後學の徒の禮論から其の潛在觀念を窺へば、禮の起源は天地の理法に求められたと結論して差支へ有るまい。

禮者天地之序也。記樂

夫禮必本二於大一一、分而爲二天地一、轉而爲二陰陽一、變而爲二四時一、列而爲二鬼神一。（禮運）

禮天地之經緯也。（左傳昭廿五年）

の如き皆然りである。天地之序と言ひ經緯と言ひ、或ひは陰陽四時鬼神の原理と爲す所から歸納すれば、要するに此の解釋は自然法立場を取ると言はなければならない。禮の起源、從つて其の權威の淵源を天地自然の理法に求めんとするのは、其の超越性を示すことに依つて總ての人類に對する絕對權威を確保せんと欲するからである。最高支配者と雖も其の拘束から脫するを許さない。かくしてこそ、其の高度の規範性は萬人に對して齊一なる認識及び服從を要請し得る理論が成立する。宋儒に至つて「禮は天理の節文、人事の儀則」と說かれるのも、亦自然法說の延長に過ぎない。もつとも荀子の如きは全く立場を異にし、禮は聖人の制作に係るものとして實定的解釋を堅持するが、これは荀子の全思想的立場上斯る解釋を取らざるを得ず、叉斯く解釋する方が禮の權威の絕對性をより高め得ると考へられたからであつて、其の目的とする所は他の儒家と異らない。（拙著荀況研究參看）

禮と並んで德治の目的に協力作用を持つものとして孔子の重要視したのは樂であつた。前述の如く禮が一應形式を通して人心を感化する以上、作用の過程に於いて他律的命令的傾向から全く脫却することは出來ない。之に對し人心を全く內面的に善化し其の德性涵養に資し得るのは音樂を措いて外に無い。音樂の作用は形式を必要とするに非ず、直接人心を和柔して之を感動鼓舞するに在り、其の機能の本質は極めて心理的直觀的且つ藝術的であると言へる。「禮は外より作《おこ》る」に對し「樂は中より出づ」と定義されるのは、斯る作用を綜合的に表現したものに外ならない。これ孔子が音樂に對して禮に期待し得ざる獨自の政治的價値を認める所以であり、道德政治の兩翼を爲す所謂禮樂主義の提唱せらるゝ根本の理由である。故に孔子は先づ當時の新興音樂の非道德性を排除して正しい音樂の復活に力を注ぎ、古典の整理事業と並んで音樂の整備を行つた。

子語二魯大師樂一曰、樂其可レ知也、始作翕如也、從レ之純如也、皦如也、繹如也、以成。論語

は彼の認めて以て正樂とする所の音樂理論である。彼が齊に於いて舜の作る音樂と言はれる韶を聞いて、三月肉の味を忘れたと稱せられるのは、彼が古典樂の藝術的價値と教化的機能とに傾倒した深さを示してゐる。

音樂の人心に對する魅力は實に强い。孔子が音樂を敎化の用に供せんとしたのも元來此の魅力に着眼した結果であるが、其れだけに音樂に依つて人心の頽廢を招くことも十分豫期しなければならない。

樂と云ひ樂と云ふ、鐘鼓を云はんや。論語

と言ふ孔子の語は此の點に關する警戒である。馬融は此の條に注して「音樂の貴ばれるのはその

移風易俗の效用に在り、鐘鼓を意味するのみではない」と言つてゐる。鐘鼓は奏樂に缺くべからざる器具には相異ないが、音樂の本領は甘美な旋律にのみ存するに非ず、風俗を正し人心を善導するといふ政治的作用に在るべきを强調したのである。素朴な意味での娛樂性を否定する一種の精神主義こそ、孔子の音樂についての基本觀念と言つてよい。孔子は嘗て古樂「韶」を批評して「美を盡し且つ善をも盡してゐる」と言ひ、「武」を批評して「美を盡してはゐるが、未だ善を盡してはゐない」と述べた。韶は前述の如く舜の作つた音樂であり、武は周の武王の音樂である。そして音樂は凡て其の作者の全人格の完全な象徵とされる以上、其の意味するもの卽ち內容は舜及び武王の王者としての價値の差を如實に反映してゐる筈である。「韶」も「武」も其の藝術としての表面的美においては問題とする所は無いが、其の內面的價値に至つては武は未だ不十分と言はざるを得ない。敎化の要具として音樂を見た場合、孔子は此の二つの要素を分析し、內容的美を外面的美に優先せしめんとしたのである。

音樂の起源に就いて孔子は全く言及する所は無いが、後學に依る音樂論から彼の潛在觀念を推すならば、其の起源を人の心情に求めたと想像される。組織的な樂は單純素朴な音聲より發展したのであるが、樂の基礎を爲す音聲は實に人心より生ずる。

凡音之起由二人心一生也、人心之動、物使二之然一、感二於物一而動、故形二於聲一、聲相應、故生

レ變、變成レ方、謂ニ之音一、比レ音而樂レ之、及ニ干戚羽毛一、謂ニ之樂一。（樂記）

此の記事に依つて吾吾は儒家の代表的音樂起源論を聞くことを得る。音樂が既に外物の刺戟に生ずる感情の發露たる以上、其れが人心に對して心理的直觀的影響を及ぼし得るのは當然であるが、同時に人間を圍む諸環境は逆に音樂に對して決定的支配力を有する。社會の狀態政治の善否は當然音樂に最も鋭敏に反映される。音樂の政治性の重要視される理由も亦此に存するのである。

凡そ音なるものは人心より生ずる。情が中に動くが故に聲にあらはれる。聲が文《あや》を成したものを音と謂ふ。故に治世の音が安んじ且つ樂しめるのは其の時の政が和してゐるからである。亂世の音が怨み且つ怒れるのは其の時の政が道に乖いてゐるからである。亡國の音が哀しみ且沈思せるのは其の時の人民が困苦してゐるからである。かくの如く聲音の道理は政治に繋りを有してゐる。（樂記）

に代表される儒家の立場は斯くて成立する。蓋し音樂が常に政治及び社會の凡ての條件の綜合的函數たる性格を具へる以上、此の關係を逆に利用し善良なる音樂を齎すことは不可能ではないからである。音樂の基本的觀念旣に然りとすれば、歴代の王者は皆其の王朝の性格を綜合的に示す音樂を有するといふ特殊の思想は容易に發生する。此は歴史的事實と言はんより、寧ろ儒家の觀念上の公理であらう。黄帝の咸池、堯の大章、舜の韶、武王の武、の如き是である。此等王者の樂が夫夫の作者の德——政治並びに社會上の凡ゆる條件を成立せしめる淵源と考へられる王者の德——を反映凝集したもの、其の全象徵と解せられるのも、音樂の政治性を承認して始めて可能なことに外ならない。又漢書藝文志に記載される所謂「采詩之官」、卽ち

古有二采詩之官一、王者所下以觀二風俗一知二得失一自考正上。

と稱せられる特殊の官職の存在も、同じ思想的基盤に成立するものである。采詩之官の非實在性は夙に胡適氏に依つて指摘せられ略ぼ學界の定說と爲つてゐるが、此が儒家の理想的官職として提唱された事實こそ、却つて儒家に於ける音樂思想の特質を善く露呈したと言へる。要するに、かうしたいくつかの場合に見える樂の政治性の認識が、孔子以下儒家の禮樂主義を支へてゐるのである。

以上の如く禮と樂とは共に道德政治施行の要具に外ならないが、兩者の性質は寧ろ相反するものである。卽ち上述の如く禮の他律性と樂の內面性との區別が人心に對する作用の形式に關して言ひ得るのみでなく、更に禮の分離性に對しては樂の和同性が對蹠的に指摘される。

樂者爲レ同、禮者爲レ異、同則相親、異則相敬、樂勝則流、禮勝則離。樂記

樂者敦レ和率レ神而從レ天、禮者別レ宜居レ鬼而從レ地。樂記

の如きは此の精神を述べてゐる。禮は其の固有の强き規範的性格から、分離の機能卽ち人をして

人と人との間に於ける總ての差別を意識し遵守せしめる機能を有する。此の機能こそ身分的秩序の維持に缺くべからざるもので、儒家の禮に期待する所は、斯くして結果せられる封建制度の確立が主要な一つの理由を爲してゐたと言つて不可は無い。此の分離差別の機能に反し、樂は人間社會の一切の差等を超えて之を合同する方向に作用する。其所には身分制度の嚴肅性を超越して一箇の平等なる人間としての自己を自覺し、人と人との結合に依る圓滿渾然たる道德社會の出現を助長する精神が見える。人が自己の身分的限界を知ると同時に、之を超えた普遍的共通性の上に合同しなければ理想社會の出現は期待し得ない。此の普遍性の發見こそ人間の心情に發する音樂の效用に俟たなければならない。換言すれば禮は尊尊之義を敎へ、樂は親親之愛を長ずると言ふべく、而して此の二者は社會の秩序及び調和を保つ爲に絕對偏廢し得ざる、相反する二つの條件と言はなければならない。故に禮樂は屢々陰陽の二理に比せられる。

　禮者殊レ事合レ敬者也、樂者異レ文合レ愛者也、禮樂之情同、故明王以相沿也。樂記

かくして此の兩者の均齊統一有る作用が徹底すれば玆に道德生活は成立し、孔子の所謂

　爲レ政以レ德、譬下如北辰居二其所一而衆星共上レ之。論語

の道德世界が出現するのである。

孔子に於いては、道德政治は道德の本質上人間社會に對して汎く普遍妥當すべき筈のものとさ

れる。「北辰が其の所に居り、衆星が之を取りまく」の譬へは此の政治の最終段階に豫想される社會が、國家民族の別を超えて最も基本的な人間性を以て紐帶とする世界國家たることを主張したものである。此の意味に於いて孔子の道德政治は世界主義の理念と密接に結ばれる。

子欲㆑居㆓九夷㆒、或曰陋、如㆓之何㆒、子曰、君子居㆑之、何陋之有。（論語、馬融曰君子所居者皆化也。）

子張問㆑行、子曰、言忠信、行篤敬、雖㆓蠻貊之邦㆒行矣。（論語）

等の言に徵すれば、人間性に基礎を置く道德は苟くも人間の構成する社會なる限り、廣汎な妥當性を有すると信ぜられたことを知る。道德政治の理念が普通の概念に於ける國家を否定し民族の差別を拒否する上に始めて出現するのは此の爲めであり、茲に德治主義と世界主義との一元的統一の可能と爲るべき契機が存する。後に說く所の大同思想の如き世界主義の一形態が、德治主義の觀念的發展の窮極に出現するのは此の爲めである。德治主義は何等かの形態を持つ世界主義を豫想すると同時に、世界主義は必ず道德主義を原理として有すると言つてよい。

德治主義の實體は以上に依つて略ぼ描き出されたのであるが、孔子は斯る政治が無條件に實行し得ると考へてはゐなかつた。君主自身の德性が涵養せられ禮と樂とに依る具體的手段が確立しても、道德政治の行はれる爲めには猶ほ不足する一條件が有ると意識された。其れは人民の經濟生活の安定である。經濟生活の安定は、

子貢曰、如有下博施二於民一而能濟上レ衆何如、可レ謂レ仁乎、子曰、何事二於仁一、必也聖乎、堯舜其猶病レ諸。（論語）

の如く、嚴密に言へば政治の終極に相異無いが、同時に政治の出發點でもあり、若し一定限度の經濟的安定をさへ缺けば、如何に他の條件が備るとも道德政治は到底實現の可能性無しと考へられた。そこで孔子が道德政治可能の絶對條件として提出したのは「富民」である。

子適レ衞、冉有僕、子曰庶矣哉、冉有曰既庶矣、又何加焉、曰富レ之、曰既富矣、又何加焉、曰敎レ之。（論語、説苑建本篇には「子貢問政」として同樣の文有り）

これ道德政治と經濟的保障との基本的關係を最も善く表明したもので、民を富ますことは民を敎へることの基礎に外ならずとされてゐる。所謂富民とは、孔子は其の具體的標準を言明するに至つてゐないが、蓋し正常な家庭生活を維持するに足る最低限の保障を與へる意味と思はれる。つまり彼が認めて以て社會成立の基本單位とする家族の存立を可能ならしむる線に限度を置いたのであつて、其れ以上の財の蓄積を意味するものでは決してない。富民の具體内容並びに其の實現の方法は孟子に至つて著しく明確に規定されるに反し、孔子が殆ど之に觸れてゐないのは其の經濟思想の幼稚を物語る。たゞ道德政治に經濟的前提の存在することが確然と意識されてゐた事實は、孔子の思想の非觀念性を示す一つの根據には爲ると思ふ。

道德の基礎を普遍的人間愛に置き、政治の最高原理を有德者に依る德化に求めた孔子は、社會形態の問題に就いては周本來の封建制度を是認し、之が支持を以て自己の根本的態度と定めた。周の封建制度は屢々觸れた如く五等の爵位及び卿大夫士の定分に依つて維持せられる階級制度、諸種の形式を通して終極的に天子に統一される中央集權的性格に其の特徵が求められる。同姓不昏の法を以て實現された血液的融和政策は、武力に依る中央支配の實質を粉飾する爲めの擬裝であつて、周室の方針が眞に權力關係を棄てゝ家族的統一國家建設の理想を有したと言へないことは勿論である。

然らば孔子が周本來の封建制度を支持したのは、斯る道德的假面を被る權力支配の組織を其のまゝ肯定したことを意味するかと言ふに、さうではない。孔子は其の名を取り其の實を置き換へんとしたのである。此に孔子の思想を修正封建主義と稱する理由が存する。つまり周の封建制度は實質上權力支配以外の何物でもないが、然し表面的にせよ家族的構造を裝ふ以上、少くとも客觀的には一應眞實家族道德の行はるゝ社會と稱することが出來る。周室は孔子の理想とする道德上の基本觀念に合致する社會を、結果に於いて構成し維持した形を取つたのである。孔子は斯る解釋を取り然る後之が支持を以て自己の使命として擇んだ。故に孔子が周の封建制度支持を旗幟とするのを見て、單純に彼が在るがまゝの支配關係を是認し權力的階級制度を謳歌したと考へるならば、大なる誤解と言はざるを得ない。彼の支持するのは飽くまで理想化された封建制度、卽ち修正封建制度であつたことを看過してはならないのである。儒家が往往にして極端な專制主義者と目されるのは、漢以後の儒家の在り方とも勿論深く關係する問題であるが、此の點に關する誤解も與つて力が有ると思はれる。

孔子が修正封建主義を理想とするに至つたのは、其れが最も價値が高いと認められたからであつて、其れが現行の制度であり現在の主權者に依つて維持される制度にたま〳〵合致するが爲めでは毛頭無い。孔子は現實の無條件肯定を事とする者ではなく、一箇の理想に生き眞理に忠實な人であつた。故に彼が斯る根本態度を決定する迄には、各種の社會形態や文化に就いて、少くとも政治權力から自由な立場で徹底的批判を加へてゐる。此に彼の文化史家としての功績が存する。例へば彼が夏殷周三代の文物制度を熱心に比較研究したことは、

夏禮吾能言レ之、杞不レ足レ徵也、殷禮吾能言レ之、宋不レ足レ徵也、文獻不レ足故也、足則吾能徵レ之矣。論語

孔子曰、我欲レ觀二夏道一、是故之レ杞、而不レ足レ徵也、吾得二夏時一、我欲レ觀二殷道一、是故之レ宋、

而不ㇾ足ㇾ徵也、吾得二坤乾一焉。（禮運。按ずるに此の文に依れば論語の文は「吾能言」で斷句し「杞に之く」「宋に之く」と讀むのが正しいらしい。今は通說に從つた。）

の言に徵して明瞭に看取される。論語包咸の注に「徵成也」と言ひ、鄭玄の注に「我れ禮を以て之を成さゞるは、此の二國の君文章賢才足らざるなり」と言ふ。朱子集注は徵を證と解し、「文獻若し足らば、我れ能く之を取りて吾が言を證せん」と釋してゐる。要するに漢人の注に依れば、孔子は夏殷の文物制度を杞宋二國に求めて具體的に復元せんとする意圖を有したと見るべきであるが、若し然らば其の前提として、殘された文化に對する摺摭及び研究は當然要請された筈である。そして斯る研究の結果は遂に彼をして

周監二於二代一、郁乎文哉、吾從ㇾ周。（論語）

と言はしめるに至つた。集解に孔安國の注を引いて

監視也、言下周文章備二於二代一、當上從ㇾ周也。

と。皇侃の疏は之を敷衍して

周の世を夏殷に比すれば、周家の文物が最も立派で大いに備るの意である。

と言ふ。按ずるに古來孔注を說く者多く其の「監視也」の義を明かにせず、正文の意亦爲めに誤解されてゐたのであるが、皇疏獨り其の微旨を闡明し得たと言ふことが出來る。周が二代の禮を視て之を損益したとする宋人の說は最も誤る。孔子が周に從ひ其の文物制度を讚したのは、其の

二代に比して文なるが爲めである。文とは價値に關して言はるゝこと言を俟たない。是に於いて、孔子の文化に對する根本態度を決定したものは、基本的には其の價値性であつたことを知る。故に周の文化と雖も價値に於いて劣るものは、之を修正するに躊躇しない。

行㆓夏之時㆒、乘㆓殷之輅㆒、服㆓周之冕㆒、樂則韶舞。論語

の如き卽ち其の一端で、四代の長を取つて新文化を創造せんとする意志を窺ふに足りる。然し當時の實情が孔子の考へる周本來の文化の實を失ひつゝありしは勿論であるから、彼は之を周初の正しき狀態に復歸するを以て新文化創造の具體的手段と考へた。「述べて作らず、信じて古へを好む」は正統文化復元の思想的要求であるが、實質的には理想的文化の創造に依つて之を達成する外は無かつたのである。而して社會的には周の封建制度の實質卽ち武力支配の精神に代へるに其の粉飾的假面たりし家族的結合の精神を以てすれば、そこに自己の理想的社會の構圖は成立する。換言すれば周の封建制度を形式上存置し、之を理想化すれば可い。修正封建主義は斯くて成立する。孔子の理想的社會制度は形式上は封建、精神上は德治、修正封建主義は此の兩者の調和協力の上に始めて其の成立可能の基礎を發見し得るものである。

周の文化に對する價値の認識は、當然其の創成者と信ぜられる周公に對して深い思慕と崇敬を致さしめた。然し孔子が單なる復古主義者に非ざりしは上述する所を以て略ぼ明かと爲つたのみ

でなく、謙遜な中にも驚くべき強い自信と責任とを自覺した事實からも立證される。

天之未レ喪二斯文一、匡人其如二予何一。 論語

天生二德於予一、桓魋其如二予何一。 論語

の如き其の一斑を示してゐる。斯る非常の際に於ける强烈な言辭は、社會の改革文化の創造に對する異常な抱負を前提として始めて理解し得ると思ふ。修正封建主義は當時社會の全性格を一變せしめる大轉換を豫想する社會思想であることを考へるならば、其の原動力として十分な理論と高い情熱とが有つたことは、寧ろ當然と言つてよいであらう。(註七)

歴史觀

東周の世王室を頂點とする封建秩序が根本的に動搖し、周室の運命が時間の問題と考へらるゝに至つた際、次に出現すべき王朝の性格に關する問題は知識階級に取つて最も重大且つ共通の課題であつた。次期王朝の全政治的性格が全く觀念的空想的に構想される場合は別として、苟くも現社會の實際的條件に依つて何等かの制約を被るものとして思考される限り、そこには現狀との連續、現王朝とを連絡する或る種の原理が探求されるに至る。歴史事實を單なる偶然性に於いて捉へず其の必然性に於いて理解せんと欲するならば、一種の歴史哲學的立場が要求されるのは當

然と言はなければならない。周室に代るべき王朝が單に偶然的出現として受け入れられること無く、現實社會の諸條件の歷史的展開に依つて理解せらるべき何等かの必然性の支配の下に、十分なる理由を以て出現するものと解釋される限り、之を說明するに足る理論は不可缺である。戰國時代の多くの社會思想は、鄒衍の五德終始說の如く此の問題への解答を直接目標としたものは勿論、其の然らざるものと雖も、斯る要請と全く無關係に發生したものは無いと謂ふも過言でない。然らば孔子は此の問題に對して如何なる思想を有したか。吾吾は其の片鱗を次の一文に於いて窺ひ得る。

子張問㆓十世可㆒㆑知也、子曰、殷因㆓於夏禮㆒、所㆓損益㆒可㆑知也、周因㆓於殷禮㆒、所㆓損益㆒可㆑知也、其或㆑繼㆑周者、雖㆓百世㆒可㆑知也。論語

一世が一王朝を意味することは皇侃の疏に「十世とは十代を謂ふ」と言ひ、太平御覽卷五百二十三に引く某氏の注（劉寶楠は以て鄭玄注と爲すも未だ據る所を知らず）に「世とは易姓の世を意味する。其の制度の變易如何を問うたのである」と有るに由つて立證されるから、子張の問は將來出現すべき十箇の王朝の有する政治的性格を豫知し得る原理の有無に關する問題に歸着する。孔子は夏殷交代の際に現はれた性質上の變化、及び殷周交代の際に現れた性質上の變化といふ二箇の現象から歸納して、變化に關する一つの原理が定立されることを前提とし、此の原理が將來の王朝交代の際にも妥當すべきを

確認し、「百世と雖も知るべし」の結論に達したのである。孔子の歴史哲學を窺ふに足る信憑性有る資料は今日では此の一章を存するに過ぎないが、之に依つて確實に知り得ることは以上說いた範圍を出でない。つまり先づ王朝の交代が常態なるを認め、其の上に立つて各王朝の性格を規定する變化の原理の存在を肯定するのであつて、變化の內容、卽ち如何なる性格の王朝が如何なる順序を以て交代出現すべきかに就いての孔子の思想は、之を知り得ないのである。後漢の馬融が

因る所とは三綱五常を謂ひ、損益する所とは文質三統を謂ふ。

と注して變化の內容を規定して以來、多くの學者の支持する所と爲つてゐるが、此は孔子の思想を必ずしも忠實に解釋し得たものではあるまい。王朝の性格を二つの範疇に於いて考へた時文質說が現はれ、曆法を全政治的性格の綜合的表徵と見て三つの範疇に整理した場合三統說が成立するのであらうが、(註八)「百世可知」の言が斯る內容を當然に含むと考へることは出來ない。孔子が文質觀念を有したことは確かであり、又文質說が王朝性格論として最初に現はれたことも略ぼ推測に難くないが、少くとも此に述べられた歷史哲學の內容とは一應分別しなければならない。三綱五常の如き倫理觀念も孔子の意識に上つてゐなかつたことは否定し得ず、馬融は後世の觀念を以て姑らく之に當てたに過ぎずと善意に解釋しても、孔子の此に言ふ所が斯る倫理的關心の下に發せられたか否かは十分檢討されなければならない。恐らく多分に政治思想的要素を有するものと

して見るべきではあるまいか。然し、より重要な問題は、彼に依る王朝の政治的性格の變化並びに變化を律する原理の肯定が、後代に於ける革命原理の發達を促す母胎を爲したと考へ得る點に在ると思ふ。劉逢祿が

繼レ周者新レ周故レ宋、以二春秋一當二新王一、損二周之文一益二夏之忠一、變二周之文一從二殷之質一、百世以俟二聖人一而不レ惑者也、循レ之則治、不レ循則亂、故云レ可レ知。論語述何

と言ふのは全面的には首肯し難いとしても、斯る思想の發達を促すべき契機―變化の原理の肯定―が孔子に於いて既に現はれてゐるとする一事のみは、之を承認しなければならない。

二　孟子

孟子の生卒年月事蹟等に就いては先人の考論既に略ぼ備るのみならず、其の係爭點は新資料の出現無き限り決定的解決を與へ得ない狀態に在る。且つ斯る穿鑿は本來思想史の重要課題に非ざるが故に今は多く省略に從ひたい。閻若璩の孟子生卒年月考、崔述の孟子事實錄、周廣業の孟子四考、狄子奇の孟子編年、魏源の孟子年表、錢穆の先秦諸子繫年等は、それぞれ部分的には卓見を含んでゐるが、依然として未解決の問題も少くない。孟子の學問的系譜に就いて子思直接の弟

子なりや間接の門人なりやの一事は、史記が「業を子思の門人に受く」と言ひ、列女傳が「子思に師事し遂に天下の名儒となる」と記して以來、學者の聚訟する所と爲つた。班固・趙岐・王劭及び孔叢子・風俗通等は悉く列女傳に依つて子思の弟子說を取つてゐるが、毛奇齡は王草堂の說を引いて史記を正とし、焦循また之に從つてゐる。然し錢穆氏に至つて精密な考證に依つて此の說を殆ど不動たらしめた。子思の卒年を最も遲くし孟子の生年を最も早くしても僅かに耄稚相接するに止り、受業の事實は到底認めらるべくもないのである。然し系譜的には飽く迄子思學派に屬し、從つて溯れば曾參の學へ連絡することは確かであらう。

性善論を基礎とする道德說

孟子の道德思想は基本的には孔子と異る所は無い。仁及び孝弟を總ての道德の基礎とする立場は、孟子に於いても一貫堅持されてゐる。

堯舜之道は孝悌のみ。告子

と言ひ、又舜が頑迷の父瞽瞍に對しても克く愛慕の心を失はなかつたことを、言を盡くして讚美し、

大孝は終身父母を慕ふものだ。五十にして尙ほ父母を慕ふ者は、予は大舜に於いて其の例を

見るのである。萬章

と稱するが如き皆是である。弟子桃應が孟子に向ひ「舜が天子と爲り皐陶が法官と爲つてゐた時に、若し舜の父瞽瞍が人を殺したなら、舜は如何にしたであらうか」と問ふや、彼は立所ろに「舜は敝履を棄つるが如くに天下を棄て、其の父を負うて海濱に逃れ、一生涯訢然として天下を忘れて孝養を全うする」と答へた。父に對する私愛を全うすることは、殺人犯を處斷すべき天子の義務よりも重要と考へられてゐる。一切の道德法律は孝弟道德の延長の上にのみ基礎が置かれるべきだからである。家族道德第一主義は此に於いても嚴然と遵守されたと言つてよい。

基本的立場は不變なりとも道德思想が全體として著しく進展したことは言ふ迄も無い。孔子に於いては肉親に對する愛情、更に其の展開としての人類一般に對する自然的愛情は、何等論證を要せざる原始事實として理解せられ、又其の故にこそ普遍的絕對的なものとして受け入れられて來たのであるが、此の點は孟子に至つて頗る變化を見せた。所謂四端說の成立が是である。四端說は周知の如く、惻隱の心を仁の端、羞惡の心を義の端、辭讓の心を禮の端、是非の心を知の端、とする道德起源に關する見解である公孫丑 告子。端は端首を意味し惻隱以下四種の感情はそれぞれ之に對應する仁義禮知四種の道德の端首なりと言ふのである。孟子は仁義禮知といふ基本的な德が人間の先天的素質から發展せることを證明し、之に依つて總ての道德を人間の內在的規範として成立せしめんとする。四徳が人間に具る先天的素質から固有の能力として導き出される爲めには、其れ自體は前道德的段階に在りながら道德へ自然に發展し得る感情が人間の先天性に發する所以を示せば可い。そこで孟子の引用したのが孺子陷井の一事である。今一人の小兒が將に井に陷らんとするを目擊すれば、何人と雖も怵惕惻隱の心を生ずる。此の心は全く反射的に生ずるもので、名譽的利益的觀念に支配された結果意志的に起るのでは決してない。故に彼は人が井に陷らんとする小兒を咄嗟に救助する人間心理を分析し、

孺子の父母に交りを結びたい心からでもなく、鄕黨朋友の間の名聲を得ようとする心からでもなく、孺子の泣き聲を嫌惡するからでもない。公孫丑

と言ふ。現象の目擊と感情の發動との間には斯る打算的觀念の作用する暇は無いからである。而して之が總ての人間に就いての普遍的事實たる以上、之を人間の普遍的性質と定めて不可は無い。羞惡卽ち不善を排擊する感情、辭讓卽ち權威に對する服從の感情、是非卽ち價値判斷の感情の存在も同樣にして知り得るならば、人間は此の四種の感情を外界との接觸に於いて反射的に發生する素質を具へてゐることが豫想される。四者は反射的感情であり心理的狀態に過ぎないから、飽くまで端首と稱すべく、其のまゝでは未だ道德其のものと言ひ得ないとしても、之に或る反省を加へれば直ちに道德にまで發達し得べき所以のものに外ならない。孟子が擴充を說き、

凡有㆑四㆓端於我㆒者、知㆓皆擴而充㆓之矣。（公孫丑）

と言ふ所以は此に在る。つまり人が自己の天性此の四端有るを知つて擴充の努力を惜まざれば、仁義禮知の四徳が四端を母胎として成立するの謂である。

こゝで吾吾は四端の意義を改めて吟味しておかなければならない。朱子は

端緒也、因㆓其情之發㆒、而性之本然可㆑得㆓而見㆒、猶㆔有物在㆑中而緒見㆓於外㆒也。

と注し、語類に於いても

惻隱羞惡辭讓是非情也、仁義禮知性也、心統㆓性情㆒者也、端緒也、因㆓情之發露㆒而後性之本然者可㆑得㆓而見㆒。（巻五十三）

と述べてゐる。同じ旨趣の説明は朱子のみならず程朱學徒の他の多くの文獻にも至る所見られるが、畢竟彼等は性を天命の理と解する立場から、人に具る本體としての性の一部端緒が情の形に於いて顯現したと見ること明かである。性は其れ自體絶對的存在であり、人の全體に外ならない。性は内容的にも完全體であつて、四端は其の作用が一部を露はしたものと考へてゐる。端を緒とするのも此の意味に於いてゞある。此の見解は宋儒の哲學的立場からすれば洵に當然と言ふべく、彼等は斯く孟子を解することに依つて自己の哲學體系を守り得るのみならず、孟子を以て之を強化することが可能と爲るのである。蔡元定は端を尾と解したが、既に尾を以て呼ぶ以上其の體軀

の存在を前提とすること言を俟たず、完全者たる性の一部を四端とする朱子の立場を一層明晰に表現したに過ぎない。故に語類に

問四端之端集解以爲二端緒一、向見三蔡季通說二端乃尾一如何、曰以二體用一言レ之、有レ體而後有レ用、故端亦可レ謂二之尾一、若以二始終一言レ之、則四端是始發處、故可下以二端緒一言上レ之、二說各有レ所レ指、自不二相礙一也。卷五十三

と見える。然し此等の解釋は果して孟子の原意を忠實に把握したと言へるであらうか。之に反し趙岐は

端者首也、人皆有二仁義禮智之首一、可レ引二用之一。

と注し、清の焦循は惠士奇の說を引き

大學說云、大學致レ知、中庸致レ曲、皆自レ明誠也、中庸謂二之曲一、孟子謂二之端一、在レ物爲レ曲、在レ心爲レ端、致者擴而充レ之也。

と述べてゐる。趙注の意は實は十分明瞭でないが、惠士奇は「自明誠」の語を引く以上、端をば學的努力を豫想する狀態と見たこと殆ど疑ふ餘地は無い。焦氏が惠氏を引いたのは趙注の言ふ所も亦此の如しと解したからに外ならないが、若し然りとすれば此の二人の解釋は朱氏蔡氏の立場と全く反對の方向を取ることに爲る。宋學の立場に於いては端は其れに依つて全體者の存在を證

し得る部分であるが、漢學的立場に於いては端は擴充に依つて始めて全體者として大成し得べき微體に過ぎない。完全者の一部ではなくして未完成者である。然らば兩説は道德哲學的には全く相容れざる根據に立つものと言はなければならないが、孟子が

凡そ我に四端有る者は皆擴して之を充すを知る。火の始めて燃え泉の始めて達するが如し。

と言ふを考へるならば、趙岐焦循等の見解こそ孟子の眞を得たものと思ふ。大成の可能性を内に藏する微體なるを以て擴充が强調せられ、「火の始めて燃え」「泉の始めて達する」の比喩が成立する。若し完全體の一端ならば此の工夫此の比喩は甚だ不適當と言はなければならない。宋儒の取つた主觀的解釋が如何に無理を含んでゐるかは、宋學者流自身の中にも漸次意識せられるに至り、例へば劉蕺山・孫淇澳等の新説並びに崔述の折衷論の如き、尊孟論者に依る修正の出現は、要するに此の困難を克服する爲めの努力に外ならない。

孟子四端の意味は以上に依り明確と爲つたのであるが、四端が反射的に現れる感情なりとすれば、外界の刺戟に應じて斯る心理的狀態を現出する一つの綜合的實體の存在を、其の背後に想定しなければならない。其れが卽ち性である。情は性の動、性は情の體である。四端は性が外界の刺戟に應じて示した反應であつて、兩者は絶對不可分の關係に在る。孟子の立場に於いては、性其のものは形而上的存在で、直接經驗的に其の本質を知るべき方法は無いが、性の發動の形式卽

ち四端が道徳的價値への方向を常に指向する事實を通して、其の形而上的存在は本質上善を爲す素質のものたることが探知される。故に孟子は次の如く言ふ。

乃若ニ其情一則可ニ以爲ト善矣、乃所レ謂善也。（告子）

四端卽ち情は利己心介在の餘地無き、最も純粋にして且つ經驗的に知り得る、最初の精神現象に外ならざることに着目し、之を通して超經驗的な性の本質を窺ひ之を善と判定するに至つた。此に孟子性善説の理論的根據がある。故に孟子が性善を立證する方法は正に經驗主義の立場を固守したと言つてよい。性其のものが經驗の對象と爲り得ざる存在なることの認識に始まり、性に最も近接した經驗的現象として情を發見し、此に於いて捉へ得る顯著な心理現象を基礎として、不可知界に屬する性の究明に進んだからである。情を基礎とする點では心理的方法とも言ひ得べく、此の二つの方法的特徴が、齊しく性善の結論に達しながらも、中庸及び宋儒の學と著しく異る點である。

性善の理論は更に方面を變へれば彼の良知良能説からも窺ひ得る。

人が學ばずして能くする所のものは其の良能であり、慮らずして知る所のものは其の良知である。孩提の幼兒も其の親を愛するを知らざるは無く、長ずるに及んでは其の兄を敬するを知らざるは無い。親に親むのは仁であり、長者を敬するのは義であるが、此のことは全く天

下に普遍妥當する道理である。盡心

此の兩者は天賦の能力であり、感情を方向附け行爲を規制する力を有する。其れ自體道徳的意志とは言ひ難いが、道徳への偏向性を有する起動力と言ふことは出來る。他の二つの德禮と知に關しても良知良能説の理論が妥當すること言ふ迄も無いから、玆に道德性は人間固有の素質として解釋されるのである。

宋學の出現以來、孟子性善の説は其の實を失ふこと久しきに及んでゐるが、其の根本は四端の解釋に於いて主觀的立場を採るに始まると言つてよい。孟子の性善が要するに精神的天賦の能力として偏善性の具ることを言ふに止るのは、客觀的に孟子を解する限り否定するを得ざる事實である。そして孟子が、

口の味に於けるや、目の色に於けるや、耳の聲に於けるや、鼻の臭に於けるや、四肢の安佚に於けるや、すべて性である。盡心

と言つて、物質的欲望や、生活的本能をも性と稱し、以て惡の契機の存在をも承認する用意を見せてゐることを思ふ時、孟子の性善説が世碩の養性説と本質上甚だ類似することを發見する。ただ世碩が論衡本性に其の遺説を見るが如く、二つの相反する契機に同一の比重を與へて養性を説くに反し、孟子は後に述べる通り心の官が耳目の官を統べるべきこと、心の官の偏善性が耳目の官

の受動的反應に先行すべしとする見解を明瞭にした點に、之を性善說と名づけて世碩の養性說から區別すべき理由を認め得るに過ぎないのである。

さて人性既に善なりとすれば、善卽ち道德的價値は、人間正常の狀態に於ける自然の要求の結果として出現する。彼が

欲すべき、之を善と謂ふ。盡心

と言ふ所以は此に在る。人は正常の狀態の下に於いては、善に赴く傾向を本來的に有して居り、惡に走るのは特別の條件に作用されるからである。善は人が自己を矯め他の强制に依つて始めて成立するに非ずして、人間本然の欲求に依る所產であり、惡行こそ却つて後天的要因耳目の官に對する外界の刺戟を俟つて始めて出現し得るに過ぎない。易の「一陰一陽、之を道と謂ふ。之を繼ぐ者は善なり」の如く、善を方法的客觀的に把握した立場に比すれば、孟子が如何に心理的主觀的に解釋したかを知らなければならない。道德への意志は發達せる理性を必要とするかも知れないが、道德への傾向性は飽くまで先天性の中に存するのである。

仁義禮智非㆓由ㇾ外鑠㆒ㇾ我也、我固有ㇾ之也、弗ㇾ思耳。告子

君子所ㇾ性、仁義禮知根㆓於心㆒。盡心

が極めて容易に導き出される所以は此に在る。是に於いて道德法は人間の內在的規範として成立

し得るに至つたのである。若し道徳への傾向性が否定されるならば道徳への意志は其の根據を失ひ、道徳法を内在的規範として説明することは甚しく困難と爲るであらう。孟子の四端説及び性善論は彼の倫理思想に於ける核心的學説であるが、其の使命は道徳的規範の内在性に對する立證を以て、一應完了したと謂ふも過言でない。

性善論が成立し性の偏善性が承認されたとしても、其れは纔かに萠芽としての素質に過ぎないのであるから、之を恆常的不變的の道徳性にまで發達向上せしめる爲めには不斷に理性的反省を加へなければならない。孟子の所謂擴充である。感情の段階に止る微體たる四端が仁義禮知の徳性として完成されるのは獨り其の功に依つてゞあり、性に於いて本來齊同均等なりし人間に道徳的價値の差等が生ずるのは一に擴充度の大小に起因する。「若し能く之を充せば四海を保んずるに足るも、若し之を充さゞれば父母に事ふるにも足らず」公孫丑は之を言つたものである。擴充は理性に依る意志的作用に俟つのであるが、之は惡への刺戟に抵抗して遂行される善行の反覆を以てのみ可能とせられ、從つて意志を援ける所の特殊の力を必要とする。刹那的善行を恆常的德行たらしめる爲めには、理性と勇氣とが無ければならない。彼の所謂「浩然之氣」は此の特殊の力を伴ふ勇氣を指すものである。此の氣は

其爲レ氣也至大至剛、以レ直養而無レ害、則塞二于天地之間一、其爲レ氣也、配二義與一レ道、無レ是餒

也。公孫丑

といふ有名な說明の示すが如く、正義と俱に在る場合にのみ發動し意志を援けて善行貫徹の力と爲るが、不義不正に對しては其の力を發揮しない。而して之が養成蓄積は恆常的な善行反覆の間に於いて自然に爲されるに止り、偶然的な道德行爲の如きは其の原因と爲り得ないのであるが、然し一たび此の勇氣が或る程度養成されゝば、逆に善への意志を刺戟して道德行爲を反覆せしめ、萠芽の擴充に寄與する能力を有すると解せられてゐる。

夫志至焉、氣次焉、中略 志壹則動㆑氣、氣壹則動㆑志也。公孫丑

と言ふ所以である。要するに孟子は、四端の擴充善の反覆と浩然之氣とは相互に因果の關係に結合し、以て道德性の充實に進むと考へてゐたのである。

さて性が善への支配的偏向を具へるとすれば、人間に於いては善は惡に先行する筈であるから、凡ゆる反道德的現象は其の原因を別の理論に依つて解釋せざるを得ない。是に於いて彼は「耳目之官」「心之官」の說を提出する。

耳目之官不㆑思而蔽㆓於物㆒、物交㆑物則引㆑之而已矣、心之官則思、思則得㆑之、不㆑思則不㆑得也。告子

耳目之官は受動的にのみ活動する感覺能力、心之官は能動的に活動する精神能力を言ひ、惡は耳

目之官が外界の刺戟を受動的に感受し、之に對して或る種の反應を示す場合に發生すると說明する。耳目之官卽ち感性は能動性を缺如する點に於いて單なる物と選ぶ所無きが故に、外界の刺戟に對して主體性を主張する能はずして外物に引かれ、性本來の善への偏向性を排除して惡への衝動の原因と爲る。官とは司を意味する。耳目は各獨自の職司を有するに拘らず、其の機能は獨立には何等の意味をも齎し得ない。必ず心の作用の統一を待つて一つの表象的意味を獲得し得るに過ぎないのであるから、之を心と獨立に考へ心に先行せしめるべき性質のものではない。故に孟子は心之官を大體、耳目之官を小體と稱し、齊しく人間なりと雖も大人小人の別を生ずるのは、其の大體に從ふと其の小體に從ふとの差異に存すると說いてゐる。心之官卽ち理性が耳目之官より尊ばるべき所以は、其れが思考と名づくべき主動的機能を營むの一點に懸つてゐるのであるから、若し之を失へば其の本質は存せざるに至る。「思へば之を得、思はざれば得ず」と言ふのは此の爲であり、又孟子が「放心を求むる」の說を爲し、學問終極の目的を放失せられた心の恢復に置いた理由も一に此に在ると言つてよい。心之官が健在で常に其の固有の能力を維持し耳目之官の統御に成功するならば、性の偏善性は阻害される筈は無いからである。耳目之官が人間に備はる以上、惡の原因は之を通して常に提供されるには相異無いが、心之官に對して小體に過ぎず、其の統御に服すべき性質のものと規定される以上、孟子が兩者を同次元に置かないのは明かと言はなければならない。感性に對する理性の優位は之を確認したのである。世碩公孫尼子等の養性說とは此の一點で明瞭に區別される。又孟子が假令素質とは雖も性に偏善性が支配的傾向として存することを主張したのは、「性猶二杞柳一也、義猶二杯棬一也、以二人性一爲二仁義一、猶下以二杞柳一爲中杯棬上」と言ひ或ひは性を湍水の東西へ自由に流し得るに譬へた告子の性說と、截然たる一線を劃するものである。而して四端性善に依つて道德法を總て內在的規範として說明し得た孟子の道德思想は、仁內義外を說く告子の其れと立場を異にすることも明かである。

惡の原因が以上の如く說明されるとすると、耳目之官に刺戟を與へる外界の條件如何は、人間の道德性に對して深い關係を有すると言はなければならない。孟子が惡の問題に關聯して、環境の重要性を指摘する所以は此に在る。

富歲子弟多レ賴、凶歲子弟多レ暴、非二天之降レ才爾殊一也、其所三以陷二溺其心一者然也。告子

凶年に犯罪の增加するのは、環境が性の偏善性を妨害し、耳目之官に惡い刺戟を過度に與へる適例である。これ草木が生長の本能を有するに拘らず、濫伐の結果牛山の昔日の美觀が失はれて禿山になつたのと異らない。

人間にも決して仁義の心が無いわけではない。其の良心が失はれるのは斧斤が木を害ふやうなものである。告子

然らば生活環境の問題は人の道德性に對して支配的影響を及ぼすと言ふべく、此に生活環境の主要條件たる社會と政治とが、孟子に於いては、道德と不可分の關聯の中に吟味の對象と爲らざるを得ない必然の理由が有るのである。

論衡本性に依れば、孟子と前後して性論を爲した學者として世碩・宓子賤・漆雕開・公孫尼子の徒が有り、何れも世碩と同じく、「人の性には善の素質と惡の素質とが有る。人の善なる素質を擧げて之を致せば善が長じ、惡の素質を擧げて之を致せば惡が長ずる」の見解を持したらしい。世碩・公孫尼子は倶に漢書藝文志に孔門七十子の弟子と記され、宓子賤・漆雕開は並びに直接の弟子の列に居つた人である。現存文獻に徵する限り、此の四人は性論を爲す者の權輿である。孔子の性に言及した言は、

　性相近し習相遠し。

たゞ上知と下愚とは移らず。

中人以上は以て上を語ぐべし。中人以下は以て上を語ぐべからず。

の三條の外、解釋によつては

　人の生るゝや直。罔の生くるや幸ひにして免るゝのみ。

の一條を加へ得るに止り、且つ其の何れも性に關して深い思辨を經た痕迹を窺ひ得ない。性と天

道とを言はざりし孔子としては洵に當然と言ふべきであらう。然し戰國の世封建的束縛の弱化と共に個人の勢力が社會的に增大し、個人の價値に對する認識が漸次昂揚せらるゝに從ひ、人間の本質に關する新たな問題が提出されるに至つたのは怪しむに足りない。たゞ性論は畢竟人間解釋の問題であるから、孟子を中心とする人間性論の急速な展開は斯る社會的條件と不可分に考へらるべきである。以後支那思想史上少くとも儒家に在つては、人性論は最も基本的形而上學として全經學時代を通じて多くの考論が試みられた。而してそれぞれの經學者の全思想全學說を支へる根本的立場が、其の人の性論に依つて象徵されるほど重要な地位を占めてゐた。蓋し人間解釋の問題が全學問の出發點たると同時に歸着點たりしが爲めに外ならない。經學時代に於いては義理之性と氣質之性とを區別する立場に對して若干の修正が試みられたことは有つても、性善的立場が常に壓倒的勢力を有してゐたが、經學時代の末期に兪樾が出るに及んで俄然性惡論が唱へられ(註九)、次いで王國維が性の問題は科學的研究の對象と爲り得ずとの見解の下に性論を否定して以來、此の形而上學は學界から抹殺せられ、たゞ學術思想史の對象と爲るに過ぎなくなつた。

王道思想　井田論

孟子の政治思想の核心は之を一箇の王道主義に歸納し得る。彼は王道の性格を明瞭にする爲め之を覇道に對置し、而して其の區別を自ら次の如く定めてゐる。

力を以て仁政を假る者は覇者、覇者は必ず大國を有する。德を以て仁政を行ふ者は王者、王者は大國を有する必要はない。公孫丑

覇が權力を内實とし仁政を假面とする僞瞞政治を本質とするに反し、王者は自己に充實具備する德が仁政と爲つて施策の上に流露する所に、兩者の根本的差別を置いたのである。此の兩概念の對立は

堯舜性ㇾ之也、湯武身ㇾ之也、五覇假ㇾ之也。盡心

覇者之民驩虞如也、王者之民皞皞如也。盡心

等においても更に明かに看取される。彼に於いては王道は單なる道德概念ではなく政治概念と爲つてゐる。斯くの如く王覇を峻別し之を對立概念として把握したのは孟子を以て始めとするが、其の王を尊び覇を卑しめる所以は、要するに前者が道德政治を行ひ後者が權力政治を行ふからに外ならない。此の主張は儒家として固より當然のことに屬するから、若し王道主義が單に斯る基礎的主張を有するに止るならば、孔子の思想に比して殆ど發展の跡を見出し得ないことに爲るが、王道思想の特徴は德治主義の可能性に對する經濟的條件を確認し、此の條件の限度及び之を滿足する具體的方法を提出し、且つ道德政治の完成に至る段階を明かにした點に在る。孔子と雖も道

徳政治の成立に必須な經濟的基礎を決して無視してゐたのではないが、彼は既述の如く「民を富ます」といふ漠然たる表現を以て之を示すに過ぎなかつた。彼の比較的幼稚な經濟觀念は、消費生活に於ける節約と生産物の公平なる分配とに依つて經濟的安定度を高めんとする消極的範圍を出でなかつたのである。孟子の思想は之に比ぶれば數等の進歩を見せた。彼は先づ

無恆産而有恆心者唯士爲能、若民則無恆産、因無恆心、苟無恆心、放辟邪侈無不爲已。（梁惠王）

と斷じ、人間の反道徳的行爲を防止する第一條件として恆産の保障を力說する。道徳政治成立の前提條件として經濟生活の安定を認める儒家本來の思想は、孟子に於いても依然として王道主義の基礎に置かれてゐるのである。然らば人をして恆心を失はしめざるに必要な最低の經濟的標準は如何。

今や民の産を制し、仰いでは父母に事ふるに足らず、俯しては妻子を畜《やしな》ふに足らず、豐年にも終身苦しみ凶年には死亡を免れない狀態に置いてゐる。此はたゞ死を免れんとして贍《た》らざるを恐るゝのみであつて、禮義道徳を治める暇の有る筈が無い。（梁惠王）

の語に徵するならば、儒家が常に社會構成の基本と考へる家族的結合を正常狀態に於いて維持し得る所に標準を求めたものと考へられる。然らば此の生活水準を國民に保障することは如何にし

て可能であるか。王道が既に政治概念である以上、當然具體的政策を其の内容として有する筈である。孟子は之に對して消極的手段と積極的手段とを用意する。前者は農業生産の増加を計る一面、消費の抑制を實現せんとするもので、奢侈の禁止、徵税の輕減、農民徵用の制限を始め、魚介材木等生活必需品の自然資源に對する政府の適當な管理等に至るまで相當廣範圍に及んでゐる（梁惠王盡心の諸篇に見ゆ）。孟子は此だけの手段を以てしても其の方法さへ宜しきを得ば、所謂「黎民不饑不寒」の狀態、卽ち王道政治の第一歩を優に築き得ると斷言して憚らないが、然し此等は原理的には凡そ儒家のみならず多くの社會經濟思想に共通する所（周禮管子の如きは更に詳密に之を説く）、孟子として甚しく特筆すべきものではない。又經濟思想としても比較的原始的な理論たるに過ぎない。孟子の思想的特徵を遺憾無く發揮してゐるのは積極的手段の理論に在る。つまり彼は均分の理論に依つて困難な國民の經濟問題を一擧に解決し、次いで之に倚存する貴族支配階級の經濟的社會的地位を安固にし、因つて以て王道政治實現の道を拓かんとするのである。

生産物の均分を實現する爲めには先づ生産手段の獨占を防止すべきは言を俟たない。封建的階級制度の動搖は常に土地の兼幷偏在と相伴つて進行することを、「暴君汙吏は必ず土地の經界を慢《みだ》す」（滕文公）に依つて、彼は社會的事實として體認した。孟子が先づ土地の均分を强調し之を以て王道の基礎たらしめんとするのは此の故に外ならない。其の具體的措置として提唱したのが所謂井田法である。

方里而井、井九百畝、其中爲㆓公田㆒、八家皆私㆓百畝㆒、同養㆓公田㆒。滕文公

孟子井田法の基本的形態は此に盡きる。彼は之を滕の臣畢戰に述ぶるに當り、「此れ其の大略なり。若し夫れ之を潤澤するは子と君とに在り」と言つて、各地の實情に卽して實行上異れる方法の有り得べき餘地を認め、具體的細目に就いて言及するのを避けてゐるのは、此の制度が彼に於いて猶ほ未完成の域を脫せざりし爲めであるが、其の精神は土地の適正なる分配制度を確立し、其の所有權を貴族支配階級に歸屬し、其の使用權のみを人民に許容することに依つて、土地の獨占を豫防すると共に正規の地代收入に依る貴族階級の經濟的安固を齎し、之を基盤として封建制度の健全發達庶民生活の最低保障を來さんとするに在つたことは、極めて明かと言つてよい。孟子井田法の實體並びに其の歷史性に就いては、苟くも支那の土地制度を論ずる者、一人として之に言及せざるは莫く、最も學者の聚訟する所であるが、思想史的見地から比較的重要意義を有するのは寧ろ此の制度を提出せしめた經濟思想其のものに在ると言はなければならない。孟子は井田法の主張に當り、

詩に「我が公田に雨ふり、遂に我が私に及べ」と有る。たゞ助法の場合のみが公田が有つたのであるから此の詩によれば周代にも助法を行つてゐたのである。滕文公

と述べて、此の制度が周の盛時に於いて實施されたものなることを立證せんとしてゐるが、此の詩の「公田」「私」が果して井田法に於ける公田私田を意味すると否とは速斷を許さざるもの有り、又制度としての井田法が周代に存在したことを立證する他の信ずべき資料も今日發見し得ざるのみならず、却つて周頌の「載芟」「噫嘻」の諸詩の如く、地主の所有に係る廣大な農場が强制された多數農奴に依つて耕作された狀況を示す反對資料が存在する。恐らく彼は當時習慣として一部に遺留された土地共有制度と自己の經濟思想とを本とし、當時の實際の土地占有形態を否定的に媒介しつゝ井田法の構想に到達し、そして之を權威有らしめる爲めに詩を以て潤色したに過ぎまいと思ふ。亦托古思想の一つの現はれである。

周禮小司徒に

乃經二土地一而井二牧其田野一、九夫爲レ井、四井爲レ邑。云々

の文有り、鄭玄の注に鄭司農の說を引いて、「井牧とは春秋傳に謂ふ所の、衍沃を井にし隰皐を牧する、といふことを意味する」と言ひ、又井字の義を解しては、

五溝五塗の界を立てる制度が井の字に似てゐる所から名を取つたものである。孟子が、仁政は必ず經界より始まる、と言つたのが卽ちそれだ。云々

と言つてゐる。賈逵及び杜預の春秋「井衍沃」の解釋も亦此の鄭注に異らないが、すべて井字の

義を方形の土地を九等分した場合の境界線の形に取つたとする解釋は事實として正しくない。孟子言ふ所の井田法が彼以前に實在した根據無きのみならず、正方形の土地を更に方格狀に九等分するのは土地計數の際に於ける單位面積として考慮せらるゝに止り、實際上斯る耕地を設け得ざるは理論的にも技術的にも甚だ明かである。故に焦循は

一説に方は法を言つたもので、形を言ふのではないと言はれる。（孟子正義）

の説を引いてゐる。思ふに孟子井田の法は、制度的には小司徒井牧法に痕迹を存する九進四進幷用の區分法から暗示を得、思想的には土地公有、使用權均平の理論から到達した結論であり、觀念的要素が半を占める。觀念的產物なればこそ方格區分の形式を文字通り實施せんとするに至つたもので、此處まで徹底した劃一理論は實際上施行の可能性は乏しいと言ふの外は無い。然らば井田法並びに井牧法に殘存する井字の義は原初的には如何なるものを意味するかと言へば、此は固より井戸である。何休が宣公十五年公羊傳の注に井田法の效用を論じて

五曰、通二財貨一、因二井田一以爲レ市、故俗語曰二市井一。

と述べたのは端無くも井字の原義に觸れたもので、水井を中心として發達した古代社會の住居と耕地との關係を暗示してゐる點で興味が深い。（井田法と關係有りと思はれる土地制度の歷史に就いては孫詒讓周禮小司徒遂人匠人載師の正義並びに籀廎述林に卓見あり）

井田法は前述の如く孟子自身に於いて未完成なりしが故に、後の學者之を發展せしめるものが

少くないが、後世に至つて完成された井田法を以て孟子に歸するの誤りは飽くまで避けなければならない。孟子以後井田法を一應完成せる形に於いて記述したのは漢書食貨志である。

井方一里、是爲二九夫一、八家共レ之、各受二私田百畮一、公田十畮、是爲二八百八十畮一、餘二十畮、以爲二廬舍一。

農民戶一人（原本脫一字、從王念孫之說而補）已受レ田、其家衆男爲二餘夫一、亦以レ口受レ田如レ此。

民年二十受レ田、六十歸レ田。

右の記事に於いて井田法の内容は頗る具體的に規定せられてゐる。公田中に二十畝の廬舍を設置するといふ見解は孟子には勿論全く見えざる所であるが、恐らく之は什一の稅を理想とする孟子以後の儒家思想に合致せしめる目的の下に考案されたもので歷史性は無い。もつとも此の說の支持者は詩小雅信南山の「中田有レ廬、疆場有レ瓜」を以て其の唯一の證據とする。鄭箋には「中田とは田中を言ふ。農夫がこゝに小屋を作つて田事に便したのである」と有るのみで廬舍の所在を明かにしてゐないが、胡承珙（毛詩後箋）は鄭箋の意を解して私田中の廬舍を指すとする。然し何休の公羊注、賈公彥の周禮載師の疏及び朱子の詩集傳等は皆以て公田中の廬と爲し、以て什一の率に合せんとする立場を取る。趙岐の孟子に注する亦然り。井田法に於ける私田に廬舍の有つたことを暗示する文獻は見當らないから、詩信南山の廬を廬舍と解する限り、之を公田中に在りと考へるのが井田思想發達史の見地からも妥當と認められるのであるが、然しより根本的な問題は此の廬を舍と解することが果して詩義を得てゐるか否かに在る。卑見を以てすれば、詩の廬は下句の瓜に對して同じく果實の名と爲すべきで、之を屋舍の義に取るのは誤りである。かくしてこそ或ひは「黎稷」と言ひ或ひは「南東其畝」と言ひ或ひは「酒食」と言ふ詩人の旨を得るのであつて、此の一句のみ屋舍に言及したとすれば、唐突不辭上下の調和を失ふに至る。(註十)

次に餘夫二十五畝の規定は孟子に依つて既に說かれる所であるが、餘夫としての待遇を享受する者の具體的年齡に至つては明言を缺く。趙岐も亦「一家で一人が田を受け、其の餘の老人や少年で尚ほ餘力有る者が二十五畝を受ける」と言ふに止る。鄭玄の禮記內則の注や賈公彥の載師の疏は二十九歲以下と爲し、朱子孟子の注は餘夫の下限年齡を十六歲とし「壯にして室有る」を上限年齡と認めてゐる。これは必然的に正夫の井地受給條件の發生年齡とも關聯する問題であるが、孟子に明文無き此の規定は、後世の經學者に依つて三十歲夫婦を爲すを正夫とする通說が立てられた。たゞ班固は「二十受田」と言ふから通說とは合致しない。正夫の資格成立を三十若しくは「壯にして室有る」に置く通說は、受給資格の所在を個人とせずして家族に求めんとする思想を背後に豫想せしめるが故に、家族を社會單位とする儒家としては極めて妥當性が有り、此が通說と爲つたのは十分理由の有ることである。蓋し個人の年齡にのみ依つて此の標準を規定するならば、井地を受けた個人は個人として完全な經濟的獨立を保障せられ、社會的には家族の崩壞分裂を馴致する危險を包藏するが故に、孟子井田法の精神と背馳する結果に陷るを保し得ない。食貨志の「六十歲田を歸す」の說に對しては、正夫の私田は當然其の長男に繼承耕作せらるべき觀點から、沈欽韓漢書疏證の如きは夙に否定的立場を取り、葉德輝漢書補注引くの如きも歸田は公田を官に歸すの謂にして私田の耕作權を歸すに非ず、と述べてゐる。班固が如何なる根據を以て此の說を立てたかは明かでないが、然し「二十受田」と呼應して當然發生すべき見解たるは疑ふ餘地が無い。食貨志の井田論は耕作權取得の主體を個人に置かんとする思想的背景が有るのであるから、此の思想を貫徹すれば耕作權は耕作能力の發生と共に取得せられ其の喪失と共に拋棄せらるべきは說明を要しない。井田思想として、食貨志の論は通說に對し獨自の立場を取るものであるが、此の對立は井田法を貴族支配階級の安定を媒介とする封建制度の維持に重點を置いて考へるのと、土地均分の理論其のもののみに重點を置いて考へるのとの思想的差異に淵源する。孟子井田論の精神には固より前者が含まれてゐるが、後世土地問題解決の原理として均分理論が採用された時には、封建制度との關係を一應背後に退けた食貨志の思想が重要な意義を認められて制度の上に具體化されたことも、六朝以後絕無ではなかつたのである。つまり食貨志の思想は封建社會の消滅し去つた後の現實に卽して井田法の均分精神のみを生かさんとするもので、此に常に封建社會を回顧する經學者の通說と、史學者に依つて代表される此の說との性格上の差異が有ると言へる。

一夫百畝の授田に依つて農民の生活を安定し領主の不當な收奪の道を塞いだ孟子は、之を基礎として支配階級の社會的經濟的地位の安固を謀る。商人の社會的進出商業資本の大規模な活動に對しては、封建貴族は農民と同一條件の下に置かれて居り、理想的な封建君主制を維持する爲めには、此の兩者を顚落から救ひ其の地位を安定することが第一に要請されたからである。貴族支配階級は經濟上全く農民に倚存し、純粹なる消費者であつた。此は封建制下に於ける當然の現象に外ならない。孟子は支配階級と被支配階級との間に成立する此の分業關係、卽ち前者は精神勞働に從つて政治的責任を負擔し、後者は肉體的勞働に從つて生産的責任を負擔するといふ關係を、正しき狀態として肯定した。彼の此の思想は、斯る分業關係を否定し上下共に生産勞働に服事すべし、とする農家の主張に對する駁論の中に見えてゐる。

有二大人之事一、有二小人之事一、且一人之身而百工之所レ爲備、如必自爲而後用レ之、是率二天下一而路也、故曰、或勞レ心或勞レ力、勞レ心者治レ人、勞レ力者治二於人一、治二於人一者食レ人、治レ人者食二於人一、天下之通義也。（滕文公）

彼は此の見地に立つて、農民の生活安定の上に之に倚存する貴族不動の地位も當然實現し得ると考へたのである。

經界不レ正、井地不レ鈞、穀祿不レ平、中略經界既正、分レ田制レ祿、可ニ坐而定一也。滕文公

卿以下必有圭田一、圭田五十畝。滕文公

の如き、主として支配階級を對象とする土地制度が井田論中に開陳される理由は此に在る。周の中葉以降封建貴族が商業資本の侵奪に遇つて沒落に瀕しつゝあつた狀態は詩に顯著に詠はれてゐる。北門・黍離・印の類此は封建制度の崩壞と同一事實に外ならず、彼等の救濟を措いては理想的封建制度の維持は到底不可能と、彼は考へたのであつた。而して此れが同時に農民の生活安定と結合することは、孟子の思想としては重要な意義の存する所で、孟子の井田論を以て貴族擁護のみを目的とするものと解釋する馬乘風氏の論中國經濟史は少し偏してゐると思ふ。

井田法の旨趣既に然りとすれば、孟子の井田論に於いて土地公有が第一原理として强調されない理由が理解される。封建制支持の立場から言つて此は當然である。天子以下支配階級が順次に土地を下臣に分與することは此の制度の特徵であり、たゞ問題は分與が適正に行はれ分與された土地が正しく使用されると否とに懸つてゐる。土地公有論が後世の井田主義者の間に支配的要素と爲つたのは、漢以後封建制度が失はれて制度としての土地分與が無意味と爲つたからに外ならない。

農民及び貴族の地位の安定は、王道政治の經濟的基礎を爲すものであるから、勿論井田法の有

する最大の意義であるが、孟子の説明に依れば同法の理論的根據は尚ほ一にして足りない。其の第一は適正なる税制の樹立である。過度の課税は固より庶民の疲病を招くが、適正確實な收税は國家存立上の要件であり、畢竟庶民の幸福に還流される。白圭の「二十にして一を取る」の説を貉卽ち夷狄の道として否定し

　陶器製造者が過少でさへ國を治めることが出來ないのであるから、爲政者が居なければ尚更である。税律を堯舜の法卽ち什一より輕くせんとするのは大貉小貉であり、より重くせんとするのは大桀小桀と言ふべきである。告子

と言ふ所に其の根本理念を看取し得る。井田法は此の問題に對して最も妥當な解決を與へるものと考へられた。上述の如く八家は自己の私田には課税されず、公田百畝の共同耕作に依る收穫物を納付するのであるから、一家の公田義務耕作面積は平均十二畝半と爲り、私田百畝の收穫に比して一割二分五厘に過ぎない。然し此の他に全く無税なる餘夫の耕地を考慮に入れゝば、税律は更に下る。若し經學者の通論の如く廬舍の設置を認めるとすれば正確に一割と爲るが、假令孟子の井田法のまゝでも、正しく施行されゝば其の税律は略ぼ之に近く、所謂「野は九分の一の税律にして助法を行ひ、都市は十分の一の税律にして自ら賦せしめん」の理想が實現されるのみならず、納付物件が公田の總收穫といふ纒つた形を取る爲めに徵收手續きから言つても便宜が多く、

且つ農民が虛僞の過少收穫高を裝ふことも不可能に近い。そして更に重要なことは、公田私田は常に同一の自然條件に支配されるが故に、兩者の作柄は均等すべく、從つて歲の良否に依つて稅律を上下したり又は個別的に納稅高を決定する必要が無い。龍子の所謂「治レ地莫レ善二於助一、莫レ不レ善二於貢一、貢者校二數歲之中一以爲レ常、樂歲粒米狼戾、多取レ之而不レ爲レ虐、則寡取レ之、凶年糞二其田一而不レ足、則必取盈焉」の弊は、是に於いてか完全に除去される。（註十二）

これは公田と私田とが境を接する所から得られる大なる利點であり、若し兩者が離れてゐれば農民は勞力資材の投下にも甲乙を付する危險が有り、井田法は破綻を生ずる。孟子が引用した「雨我公田遂及我私」の詩に於ける公私田は兩者の間相距ることが察せられるから、其の點から考へても井田法的公私田に非ず、領主と農奴との關係を示すことは明かである。

そして其の年の豐凶に卽した最も適正な徵收が每年自ら行はれ、農民の生活安定と國家經濟の維持とに寄與し得るといふのである。孟子は此の點に特に深い意味を認め、此の厚生的性格と恆常性との故を以て、井田法は他の如何なる徵稅體系よりも優ると强調して憚らないのである。

以上は井田法の有する經濟的機能であるが、孟子に依れば此の法には更に精神的機能が有ると考へられてゐる。相互扶助の精神の培養が卽ち是である。

死徙無レ出レ鄕、鄕田同井相友、守望相守、疾病相扶持、則百姓親睦。（滕文公）

生活の基盤を同くする同井八家の間に自然に培養される精神的結合に期待し、之を以て自治的共同體の根柢を確立せんとするのである。此が道德的聯合社會の發達に寄與すべきは言を俟たない。蓋し家族を中心とする血緣的社會に加ふるに地緣的社會の利點を以てするに外ならないからである。かくて井田法は儒家の理想社會成立の爲めの經濟的並びに精神的基礎を一擧に提供することが可能と爲り、王道政治の爲めの必要にして十分なる母胎と謂つて差支へ無い資格を得るのである。井田法の理念を具體的に充實發達せしめた何休は、其の偉大なる基本的意義を次の如く力說してゐる。

井田之義、一曰無レ泄二地氣一、二曰無レ費二一家一、三曰同二風俗一、四曰合二巧拙一、五曰通二財貨一、因二井田一以爲レ市、故俗語曰二市井一。公羊傳宣十五年注

斯る明瞭な觀念が孟子に顯在してゐたとは到底思へないとしても、此が孟子の井田思想終極の目的であり、其の本質が協同交利關係の樹立に依つて王道政治の精神的經濟的基礎の確立に在つたことは、殆ど疑ひを容れる餘地は無い。

王道政治の必要にして十分なる母胎が用意され、孟子の所謂王道の始めが成立したとすれば、彼が其の上に築かんとしたのは何物であらうか。それは正に道德的教育であつた。

飽食煖衣、逸居而無レ教、則近二於禽獸一。滕文公

と稱するが如く、彼は單なる經濟的充足を許容する意志は毛頭無かつた。經濟生活の充足は道德性向上の不可缺の前提としてのみ意義があり、其れ自體が目的ではないのである。

　謹㆓庠序之敎㆒、申㆑之以㆓孝弟之義㆒。梁惠王

　設㆓爲庠序學校㆒以敎㆑之、中略皆所㆔以明㆓人倫㆒也、人倫明㆓於上㆒、小民親㆓於下㆒、有㆓王者起㆒、必來取㆑法、是爲㆓王者師㆒也。滕文公

の如きは、凡て必要且つ十分なる基底を須つて構築せられ得る道德的敎育である。此の敎育が普遍徹底した時には、孟子は

　壯者は暇日を以て孝弟忠信の道を修め、入りては其の父兄に事へ、出でては其の長上に事へる。梁惠王

　頒白の老人は道路に荷物を負戴することが無い。梁惠王

の文に示される道德生活と道德秩序とが出現すると考へてゐる。是に於いてか彼は始めて王道政治の完成を肯定するのである。

　井田法は孟子の必死の努力と一部爲政者例へば滕文公の如き者の傾聽にも拘らず、當時に於いては遂に實現を見るに至らなかつた。又此の制度は歷史的根據は薄弱であり、從つて未完成の域を脫せざりしが爲めに、制度としての完成は後世の補完に俟たざるを得なかつたが、其の均分主

義に依る土地制度の理論を一應確立し、後世長く支那の經濟思想を支配した點で、注目すべき價値を持つと言つてよい。土地國有を前提とする均分主義は、支那に在つては漢以後久しきに亙つて民生問題解決の基本的理論と爲つた。歴史上苟くも民生問題從つて土地問題が論議の對象と爲つた場合、此の理論が未だ嘗て考慮に上らないことの無かつたのは其の明證である。假令井田法が其のまゝの形を以て主張せられずとも、其の理論は常に大なる指導力を有してゐた。例へば遠くは漢の限田論や魏の均田法より近くは孫文の地權平均論に至るまで、細目に就いては固より不同が有るとしても根本精神に於いては全く揆を一にする。經濟條件の變化が歴史の起動力であり、土地關係が經濟條件の變化と不可分の聯關性を有する以上、蓋し當然の現象に外ならない。

獨裁的民本主義　革命論

孟子の王道思想は仁の德を本とし、人民と貴族との完全な調和の上に、卽ち理想的道德關係に兩者が結合された基礎の上に、道德社會を建設せんとするものであつた。彼が貴族支配階級の存續を是認したことは其の封建制度支持の立場から言つて極めて當然であるが、一方彼が人民の利益の保護人民の意志の尊重を强調したことも亦疑ふべからざる事實である。つまり孟子は民本主義を獨裁封建制下に實現せんとするのであるから、貴族支配階級の最高者たる君主の權利義務に關しては、最も深く且つ細かい關心を示さゞるを得なかつた。

　民が最も貴く、社稷が之に次ぎ、君は最も輕い。盡心

　諸侯の寶は三種有る。土地と人民と政事。盡心

と言ふのは、君主貴族階級は國家不可缺の機關なりと雖も單に手段たるに止り、人民に優先すること無かるべきを明かにしたのである。君主貴族の存在意義既に斯くの如しとすれば、民意の尊重は當然の要請であるが、民意が尊重されないのは政治生活に於いて寧ろ普通の現象であるから、之に對しては特別の理論に依る强力な措置を講じなければならない。孟子は三箇の理論を用意した。其の第一は天の觀念を利用して民意と天意とを結合し、天意に依つて君主の政治行爲を拘束し民意に順柔たらしめんとするものである。彼が

　天の視聽は一に我が民の視聽に自《したが》ふ。萬章

といふ今文泰誓の語を引き又

　天は言はず、行爲と事實とを以て之を示すのみ。萬章

と斷じ、天意の具體的表現が人民の服從意志の表明に在りと說くのは此の爲めである。天意民意の直結は、畢竟天に對する傳統的宗教心理を利用しつゝ君主の道德的反省を促さんとするに在る。獨裁政治の下に在つては總ての政治的權力は一に君主に集中されてゐるが故に、此の機構の下に

於いて民意の完全なる暢達を謀らんとすれば、君主一人を理想的たらしむれば善政は期して待つべく、又此以外に方法は無い。

君が仁ならば不仁はなく、君が義ならば不義はなく、君が正しければ不正はなくなる。一たび君をさへ正せば國は定るものである。離婁

と言ふ所以である。君主は一國道義の淵源たると共に政治的權力の淵源でもあるから、君主の德性さへ涵養されゝば理論的には全政治の道德化が可能と爲るべき筈であるが、しかし天に對する畏敬と道德的反省とは何れも一定の限度有るを免れないから、是に於いて孟子は第二の手段を用意する。巨室の權威に賴らんとする主張が是である。彼は言ふ、

政を爲すことは困難でない。罪を巨室に得なければそれでよい。巨室の慕ふ所は一國皆之を慕ひ、天下皆之を慕ふ。故に巨室に從へば沛然として德敎が四海に横溢するであらう。離婁

と。巨室とは趙注に「巨室は大家である。賢卿大夫の家にして、民が模範とする者をいふ」と言ふから、名望高き世襲の大臣を意味する。世襲の大臣は其の國に精神上物質上確固たる勢力を有し、自己の領土を通して人民との關係が深く、君主の權威を以てすとも其の意志を左右することは容易でない。彼は此の點に着目し、其の勢力を利用して君主の意志に牽制を加へんとするのである。然し巨室をして此の使命を完遂せしめる爲めには、巨室が人民と緊密に結合し常に民意を

代表することを前提とする。孟子が大臣の世祿制度の確立を主張する所以は此の問題と關聯するものである。

昔者文王之治レ岐也、耕者九一、仕者世レ祿。梁惠王

夫世レ祿、滕固行レ之矣。滕文公

つまり世祿制度の確立に依つて巨室の經濟的基礎を安固にし、之を其の封地に長く定着せしめ、以て其の領内の人民の福利を代表せしめる目的に外ならない。斯くして人民と十分共存交利の關係に入つた巨室の出現を見た後、孟子は進んで此の巨室に君主の廢立權を附與するのである。彼が齊の宣王に貴戚之卿の職責を說いて

君に大過有れば諫める。反覆諫めても聽かなければ君の位を易へる。萬章

と言ひ、趙岐の注に貴戚之卿を内外の親族と解してゐるのが是である。人民の總意と利益とを背景とする巨室の此の權利が保留される以上、君主は天意に比して遙かに直接的脅威の下に置かれることは確かであるが、然し猶ほ以て民意の暢達を絕對可能ならしめる保障は無い。是に於いて孟子は第三の手段を用意する。其れは人民に依る放伐である。天の威嚴が無視せられ、巨室の權力も君主の反民的意志を抑制する能はざるに至れば、直接人民に依る廢立を是認する以外民意を伸暢する方法は無い。

桀紂之失二天下一也、失二其民一也、失二其民一者失二其心一也、得二天下一有レ道、得二其民一斯得二天下一矣、得二其民一有レ道、得二其心一斯得レ民矣。 離婁

得二乎丘民一而爲二天子一。 盡心

の諸語の示すが如く、君主存在の前提は民意の支持に在り、君主の地位の合法性は民意の承認に依つて發生すると考へられてゐる以上、其れが同時に民意に依つて否定されることは理論上當然に過ぎない。然し君主の弑殺を無條件に肯定すれば、名分上弊害を伴ふのみならず身分制度を破壞する恐れ有るが故に、民意に背反せる君主は既に君主たるの實を失ふもの、卽ち一匹夫に過ぎずとする見解に立ち、以て之を合法化せんとするのである。

仁を賊ふ者之を賊と謂ひ、義を賊ふ者之を殘と謂ひ、殘賊の人之を一夫と謂ふ。余は一夫たる紂を誅したことは聞いてゐるが、君を弑した話は未だ聞いたことが無い。 梁惠王

の理論が是である。孟子の武力革命是認論に對しては、亂臣賊子の爲めに口實を提供するの故を以て非難を加へる學者が有るが、人民の放伐權が發動されるまでには上に述べた二段の平和的手段が準備されてゐること、及び放伐權を人民の基本的權利として承認する思想は、孟子の全思想體系から觀察して、飽くまで建設的理念の下に展開されたことを知らなければならない。

斯くの如くにして君主をして民意に忠實ならしめ得たとしても、之を遺憾なく實際政治に具現

することは又別箇の問題に屬する。君主の意志の問題たる民意尊重の手段並びに理論が確立された後は、君主の能力の問題を解決しなければならない。此の爲に孟子の主張したのが所謂倫理的階級制度である。

仁者のみが高位に居るべきである。不仁にして高位に在れば其の惡を天下に傳播することになる。離婁

天下に道が行はれてゐる時には小德は大德に役せられ、小賢は大賢に役せられる。天下に道が行はれなければ小國は大國に役せられ、弱國は强國に役せられる。離婁

と述べて先づ此の制度の理論を示し、次いで北宮錡の「周室の爵祿を班つ如何」の問ひに對し、「詳細は聞いてゐない。諸侯は自己に不利となるを嫌つて斯る文獻を棄去したからであるが、然し余は嘗て其の概略を耳にした」と前提しつゝ

天子一位、公一位、侯一位、伯一位、子男同一位、凡五等也、君一位、卿一位、大夫一位、上士一位、中士一位、下士一位、凡六等。萬章

の序列を具體的に開陳してゐる。此の序列は大體は封建制度と共に發達したものであらうが、孟子は之に上の理論を適用して理想的な倫理的階級制度を樹立し、以て民本政治に寄與せんとしたのである。然し此の制度の成否は要するに人の問題に歸着するが故に、孟子は次いで此等支配階

級の任免に民意を反映せしむべきを力説する。

左右皆曰ㇾ賢、未ㇾ可也、諸大夫皆曰ㇾ賢、未ㇾ可也、國人皆曰ㇾ賢、然後察ㇾ之、見ㇾ賢焉、然後用ㇾ之。（梁惠王）

罷免の際にも同様の段階を必要とする。君主は爲政官吏の任免權行使に當つて民意の歸趨を明察し、此に判斷の最後的基礎を求むべしとの主旨であるから、人民は强大な發言權を有するに等しい。獨裁政治機構の下に在つて全民政治の實を擧げつゝ、而も衆愚政治に陷るを避けんとすれば、人民の利害を人民自身以上に知り、且つ其の實踐に忠實な知識と德性とを兼備する優秀者に政治を委任する方法が先づ考へられる。而して人民參政の公的機關を缺如する機構の下に於いて此の思想の完全なる實現を望むならば、孟子論ずる所は殆ど其の唯一の形式と言つてよい。彼は以上の如き周到なる用意を以て先づ獨裁君主の心を正し、然る後行政機關の內容を理想的たらしめ、以て王道政治の目的を達成せんとしたのである。思ふに孟子の主張に於いては、全人民が政治に參與し其の意志を表明し得る形式は、制度上は單に一君主を通してのみ可能であるに過ぎないが、君主が總ての權力の集中機關たる獨裁政治下に在つては、君主を通しての參政は事實上政治の全領域に及び得るが故に、現在の所謂間接民主主義に對して直接民主主義的形態に近似こそすれ、强大民權を肯定する根本思想に於いては全く選ぶ所は無い。たゞ茲で問題と爲るのは孟子が斯くも強大な民權を許容するならば、何故に之を實現し得べき新機構を提唱すること無く依然として舊來の獨裁政治を固執したか、の一事である。此は要するに彼が根本的に德治主義者たりし爲めである。德治主義は法律を整へ若しくは法律に依據する制度に依つて政治を運營することを欲せざる點に於いて、法治主義と對立する。如何に詳密なる法網や完全なる制度と雖も、其の固定的性格の致す所、社會生活の總ての事象を調整し得ずとする見地に立ち、根本法たる道德の普遍妥當性に信賴せんとする。此の理想を含てざる限り、理想的獨裁機構は理想的德治政治の取るべき最後の形態として要請される。又儒家たる彼は家族的結合を飽くまで固く維持せんとする。然るに代議政體は其の形式の如何を問はず個人を基礎として始めて成立するものであるから、若し此の方向に於いて民本思想の實現を計らんとすれば、家族制度の解體を豫想しなければならない。これは儒家として重大なる矛盾である。此の意味に於いても獨裁機構は德治政治と結び附くのである。更に第三の理由としては教育の普及に對する絕望的困難の問題が有る。殊に民衆教育普及の困難に原因する知識水準の低さは、人民が自ら判斷し自ら主張するよりも、事實上自己を代表する少數の有能者に一切を委任する方が自己の爲めに有利なりとの見解を、儒家の徒に抱かしめるに至つた。代議政體の理論は儒家思想には全く存しないが、儒家の理想が實現し倫理的階級制度が確立すれば、人民は自らの貧弱な判斷に依つて代表者を選出する以上に、忠實に自己の利益を代表し考慮し實行する爲政者を選出してゐる結果に爲る。孟子の思想が極めて人民中心的たるに拘らず、人民の自覺に基く下からの政治意識を發達せしめる代りに、有德者の支配に依る上からの政治の充實に重點を置かれてゐる所以は此に在る。故に孟子の思想は獨裁制下に於ける民本といふ矛盾的課題を如何にして解決すべきかの解答であり、而して孟子は之を民本主義的立場から提供したと言つてよい。尙ほ孟子に限らず、支那の代表的政治思想が後世に至るまで獨裁機構其のものに對する根本的批判を缺如し、單に其の運用に關してのみ論議が集中された特異な現象に對しても、以上の三つの理由は等しく重要な暗示となるものである。

社會進化論

一般に儒家は尙古主義者であり、從つて其の歷史觀は否進步的原理に立つものと考へられ、孟子は其の代表的學者の如く見られてゐるが、此は果して事實であらうか。孟子の歷史觀に一瞥を加へる所以である。

儒家が歷史の進步社會の進化を本質上否定する思想を有したことは、確實な事實として否定し得ないが、卑見によれば、其れは社會の固定化と同時に學問思想も眞の意味に於ける發展を停止した漢以後に至つて始めて出現せる現象に過ぎない。孟子は斯くの如き思想を抱懷せざりしのみならず、寧ろ或る意味に於ける社會の進化を肯定したと言つて差支へ無いと思ふ。

天下の生ずるや久し、一治一亂。（滕文公）

は彼の考へる社會進化の法則に觸れた言で、其の意味内容を檢討すれば素朴ながら社會の辯證法的發展を認めてゐたことが看取される。つまり人類社會は治亂の反覆なる形態の中に進化すると言ふのであるが、其の内容を摘出すれば次の如くなる。

堯之時、水逆行、氾二濫於中國一、蛇龍居レ之、民無レ所レ定。　一亂

使二禹治一レ之、禹掘レ地而注二之海一、驅二蛇龍一而放二之菹一、（中略）險阻既遠、鳥獸之害レ人者消、然後人得二平土一而居レ之。　一治

堯舜既沒、聖人之道衰、暴君代作、（中略）及二紂之身一、天下又大亂。　一亂

周公相二武王一、誅レ紂伐レ奄、（中略）驅二虎豹犀象一而遠レ之、天下大悅。　一治

世衰道微、邪說暴行有作、臣弑二其君一者有レ之、子弑二其父一者有レ之。　一亂

孔子懼作二春秋一。　一治

聖王不レ作、諸侯放恣、處士橫議、楊朱墨翟之言盈二天下一。　一亂

吾爲レ此懼、閑二先聖之道一、距二楊墨一、放二淫辭一、邪說者不レ得レ作。　一治

これ正に治亂交代の法則に社會進化の歴史的事實を當てはめたものである。若し此に示された聖

賢傳說が孟子の述べるやうな整然たる形態を以て初めから存在し、孟子はたゞ之を無批判に史實として是認したとすれば、彼の一治一亂的辯證法は獨創的意義を失ふの外は無いが、然し「盡く書を信ずれば書無きに如かず」として史實に對する批判的自由を留保した彼が古傳說を無條件に盲信する筈も無いのみならず、傳說自身の性質から考へても此の傳說は本來各帝王個人を中心として成立し、初めから斯る綜合形式を取つたものでないことが理論的に立證される。春秋から戰國に及ぶ時期に於いては、各種の酋長部族等を地盤とする英雄傳說の類が、合理主義の影響を受けつゝ傳說の世界から歷史の世界に進出した。孟子が此に陳說した堯舜以降の治亂の歷史は、幾箇かの獨立說話を或る原理に從つて綜合し體系化した結果に過ぎない。堯の洪水期に於ける禽獸の脅威が紂の時に再現するが如きは、堯傳說と紂傳說とが本來別個の發生及び傳承を有することを物語る。之を初めから系統的に構成された說話と見るならば全く解釋は不可能と爲る。此の如きは當時出現した他の傳說の檢討に依つても到達する結論であるから、傳說と史實との關係を律する一般的原理と認めなければならない。既に然りとすれば箇別的傳說を斯る形式に統一して一治一亂の史實的根據と爲し得たのは、孟子が先づ社會進化の原理として治亂的辯證法を用意してゐたからこそ可能であつたと言つてよい。而して孟子の說明に於いて夫夫の治は皆獨立の意義が認められてゐることに着目するならば、其れが單純な復古思想に非ざることは容易に理解される。

孔子の實現した治は、周公や禹の治とは明かに其の意義を異にすると考へられてゐるからである。絶對的範型を過去に想定し、之を以て何時の世にも妥當する所の治と考へたのでは決してない。こゝに孟子の進化的社會觀が認められる。そして

堯舜より湯王に至るまで五百有餘歲。湯王より文王に至るまで五百有餘歲。文王より孔子に至るまで五百有餘歲。盡心

の語を見れば、彼が治亂反覆の周期を五百年と考へたことを知る。

五百年を治亂の周期とする辯證法的進化が人間社會の法則として認められる以上、此の立場は所謂尙古思想とは頗る趣きを異にすると言はなければならない。兩者は思想上多少の類緣性は有るとしても、重要な部分で異つてゐるからである。言必ず堯舜を稱するの理由を以て孟子を尙古思想家の代表と目する誤りは、此の一事を以てしても更に贅言を要しないと思ふ。一體眞の尙古思想は現在未來より本質的に優れた過去の歷史的實在を信じ、其の再現を以て窮極の理想とするものである。範型は常に過去に求められ、一切の理想は必ず此から導き出される。理想が過去に在るが故に其の態度は回顧的であり、到底達成せらるべくもない過去への復歸に努力し、又は過去からの質的距離を能ふ限り少くする所に、知識階級の責務も道德學問の意義もあると考へられる。然し孟子の場合はすべて此の逆である。彼は過去を範型として理想を立てるのではなく、逆

に未來に實現を期する所の理想が先づ獨自に構成せられ、然る後之を過去に投射し、所謂先王の名に於ける具體的史實に託するのである。未來に對して無意義ならば其の實在を過去に託することは無い。其れは尙古に非ずして託古に外ならない。託古は事物の完全確實な理解は抽象的理解に非ずして具體的理解なりとする觀念の上に成立するのみで、過去と現在及び未來との評價の差等觀念を伴ふものではないのである。辯證法的進化の理論を發見した孟子は、眞の尙古思想を受容する餘地は有しなかつた筈である。

春秋學

孟子を有力な春秋學者として待遇することは、一般經學者殊に今文學者共通の主張である。其の根據は普通次の諸條に求められる。

世衰道微、邪說暴行有作、臣弑二其君一者有レ之、子弑二其父一者有レ之、孔子懼作二春秋一、春秋天子之事也、是故孔子曰、知レ我者其惟春秋乎、罪レ我者其惟春秋乎。（滕文公）

孔子成二春秋一而亂臣賊子懼。（滕文公）

王者之迹熄而詩亡、詩亡然後春秋作、晉之乘、楚之檮杌、魯之春秋、一也、其事則齊桓晉文、其文則史、孔子曰、其義則丘竊取レ之矣。（離婁）

孟子が春秋に言及したのは此の他に「春秋無義戰」の一條を見るが、春秋學との直接關聯は認められない。さて右の三條から綜合的に導出される結論は、春秋が孔子の筆刪に依る作なること、並びに孔子は春秋を作るに際し、自己の社會上の理想を史實の批判並びに記事の書法の中に寓したことを孟子が認めてゐることである。此の兩事は孟子以前の學者之を言ふ者無く、且つ兩事は春秋學の成立に不可缺の基本觀念であるから、此の兩事が孟子に依つて確認されてゐる以上、春秋學の起源を孟子にまで溯らせることは妥當と認めなければならない。然し此の事は後世春秋學の發達に伴つて充實された思想内容を、すべて孟子に發源せしめることを意味しない。公羊思想と孟子の思想とが部分的に一致點を有することは先人指摘の如く之を肯定するに吝でないが、兩者の關係を事實以上に密接にせんと努力する今文學者（例へば皮錫瑞）の態度には同意し得ない。今は唯春秋學の基本觀念の發生を孟子に求めるの妥當性を言ふに止めなければならない。

孔子に於いては勿論のこと、其の直接の弟子に在つても片鱗をも發見し得ざる春秋學の基本觀念が孟子に至つて確立された事實は、孟子の歷史觀と獨立に理解するを許さない。孔子が自己の社會上の理想を開陳するに當り、之を直敍せずして特に史實に對する批判の辭並びに批判に本づく書法の形式を通して爲したと考へる立場は、未來の社會が現在及び過去の社會と無關係に形成されるものでないといふ觀念を背後に藏するものである。「之を空言に載するは之を行事（王念孫云ふ行事は）

往事なりとに見すの深切著明なるに若かず」とするのは、過去が未來を決定することを潜在意識として有しつゝ、然る後過去の事實に對する批判の意義を認識する立場である。過去の事實の有する意義を凡ゆる角度から檢討すること無くしては將來への理想を樹立し得ざる所以を知るが故にこそ、之を往事に見はさんとするに至るのである。觀念的な内容のみしか有せざる理想を斥け、必ず其の基礎を過去の事實に求めんと欲する歴史主義的立場は、辯證法的歴史觀と共通の母胎を有すると言つてよい。蓋し兩者倶に歴史を尊重し、過去の制約を離れての未來の形成を否認するからである。春秋學は未來への理想を主張し高度の規範性を具ふる點に於いて固より單なる歴史ではないが、其の基礎を二百四十二年の史實に置く點に於いて、歴史的性格を全く脫却せるものとは言ひ得ない。こゝに謂ふ所の歴史主義は史實を盲信する主義ではなく、先づ史實の批判と完全な意味内容の理解とを要請し、之を通して歴史の尊重を主張する主義である。これが進歩的社會觀と結合するのは何等異しむに足りない。孔子に全然存せざりし春秋學が、之に後るゝ僅か百年の孟子に顯著に出現したことは、一應疑惑の對象と爲り得るかも知れないが、孟子の歴史觀との關係を考察するならば其の疑惑は氷釋する。漢代の公羊思想が三世異辭の説を爲して社會の進歩を主張するのも、春秋學の歴史主義と孟子の辯證法的歴史觀との相關關係に着目する時、其の必然性が肯定されるのである。

三　七十子後學

孔門の所謂七十子及び其の後學にして思想史上記錄すべき意義を有する者は、現存の資料に關する限り、子夏・曾子・子思・子游の四人である。今日に於いて此の四人の思想として傳へらるるものは多く其の後學の徒に依つて發展させられた思想であるから、其の中に四人固有の思想が部分的に殘存し或ひは全體的に或る程度の影響を與へてゐる點は有つても、之を無條件に四人自身に歸屬せしめることは出來ない。四子の名を題しつゝ之を孟子の後に退け、後學の思想をも幷せて考論の對象とする所以は此に在る。

子　夏

史記に依れば、子夏は孔子の死後魏の文侯に仕へ頗る學問的影響を與へたらしいが、其の人に深い關係有りと確認される文獻は現在殆ど殘存しない。經學的には儀禮喪服傳・詩序・易傳を始め、公穀二傳及び魯詩の學は何れも子夏に出づと爲されてゐるが、其の信ずべからざるは既に確論が有る。文學を以て許された子夏が學術に優れたことは疑ふ餘地無く、從つて此等諸學に間接

的影響を及ぼしたことは有り得るが、一般經學史に言はれるやうな事實は承認することは出來ない。又漢書藝文志に

> 六國の時魏文侯は最も古へを好んだ。漢の孝文帝の時其の樂人たりし竇公なる者が有つて其の書を獻じたが、それは他でもない、周官大宗伯の大司樂の章である。

の文有るに據り、大司樂記す所を以て間接に子夏其の人の學を傳ふる資料と見る學者も有るが、既に齊召南漢書考證の指摘するが如く、竇公は孝文の時少くとも二百歳を越える筈であるから、漢志の記事自體既に歴史的信憑性に乏しいと言はなければならない。恐らく古文派に於いて周禮を重からしめる爲めに斯る傳承が發生したに過ぎないであらう。假りに大司樂の文が子夏と不可分の關係に在るとしても、最大限冒頭の數節に止り、大半は先秦の文と見ることは不可能であるから、思想史的には依然重きを爲すものではない。魏文侯の孝經傳は子夏と間接の連絡有りと認め得るが、今日は唯劉昭後漢書注や杜佑通典等に斷片數節を遺すに過ぎない。且つ漢志以下隋唐諸志何れも此の書を著錄してゐないのは、其の書の眞僞を疑はしむるに十分である。かくして子夏と比較的近親と稱せられる文獻が種々の點に於いて資料價値に乏しいとすれば、殘るは禮記樂記篇に見える魏文侯と子夏との問答の一文に過ぎない。禮記正義に依れば、樂記は河間獻王が諸生と共に周官及び諸子の樂を言ふものを采つて作つたと言はれ、鄭玄の三禮目錄は其の第十一に魏文侯

篇を列してゐる。從つて此に引かれた文侯子夏の問答は假令子夏自身の言に非ずとしても、之に依つて子夏學派の思想を窺ふことは許される。

樂記に現はれた子夏學派の思想は、一言以て蔽ふならば、禮樂主義の立場から音樂に政治性を强調した、政治的音樂論と言ひ得る。彼は文侯の新樂古樂の問ひに對し先づ樂と音との間に截然たる區別の存すべきを論ずる。

夫古者天地順而四時當、民有レ德而五穀昌、疾疢不レ作而無ニ妖祥一、此之謂ニ大當一、然後聖作ニ爲父子君臣一、以爲ニ紀綱一、紀綱既正、天下大定、天下大定、然後正ニ六律一和ニ五聲一、絃ニ歌詩頌一、此之謂ニ德音一、德音之謂レ樂。

之に依れば所謂大當の世は原始的素朴社會で、此では人民は無爲自然の生活を樂しみ政治と名くべき統治關係は存在しない。從つて彼の言ふ音樂も無いのである。音樂は聖人が出でて道德關係や社會秩序の出現すると共に始めて發生するもの、換言すれば政治社會に於いてのみ存するに過ぎない。此の點既に政治と音樂との不可分の認識を反映してゐるが、音樂が樂として成立する爲めには幾多の制約を必要とする。つまり五聲六律に合致する形式的美と、詩頌を絃歌する內容的善とが兼備されなければならない。孔子は曾て韶を評して美を盡し又善を盡すと言ひ、武を評して美を盡すも未だ善を盡さずと言つたことは既に述べた。樂の形式と內容との問題は此の時以來儒家の音樂論の中心課題であつたが、子夏が樂としての價値を與へる德音は正に此の條件を完全に滿すべく要求されてゐる。文侯が聞いて唯睡氣を催すだけであつた所の此の古樂に對し、倦むを知らざらしめた所の新樂は子夏學派の見解に於いては溺音に過ぎず、其の心理的作用は淫志溺志煩志喬志と述べられ、彼等の樂の概念には到底合致せざるものと斷定されてゐる。これは要するに、政治社會に於ける道德的意義の大小に依つて音樂を評價し、其の區別を定めんとする思想であつて、樂記首章其の他に見える聲音樂の發展理論、即ち「感二於物一而動、故形二於聲一、聲成レ方、謂二之音一、比レ音而樂レ之、及二干戚羽毛一、謂二之樂一」等と對比する時、如何に政治的視野に於いて音樂を考へたかゞ看取される。父子君臣以下の道德的政治的關係が無ければ、音樂も亦存しないことを言ふのである。古來子夏は詩を傳へたと稱せられ、又論語の「巧笑倩兮」章は子夏が古詩の道德學的解釋を取つたことを明示してゐる。而して詩が直ちに樂歌を爲すといふ實際關係を考慮するならば、詩の道德學的解釋は直ちに道德的音樂論への發展を約束すべく、そして其れが德治思想に媒介されゝば同時に政治的音樂論を形成することも亦言はずして明かである。

子夏學派の政治的音樂論は、更に樂器と政治的效果との相關關係の定立にまで及ぶ。彼は先づ最も原始的樂器たる鞉・鼓・椌・楬・壎・篪の六者を以て音樂の基本的用具と爲し、之を「德音の音」と言ふ。之を德音の音と言ふのは、聖人が因つて以て下を治むる音樂の道德性は此の六者を通じて人心に作用すると考へたからである。そして鍾鼓竽瑟の如き文化的樂器は總て音樂のより高き調和性を發揮し、此の德化作用を輔ける爲めに準備されると解釋する。

鐘聲鏗々以立レ號、中略君子聽二鐘聲一則思二武臣一、石聲磬々以立レ辨、中略君子聽二磬聲一則思下死二封疆一之臣上、絲聲哀々以立レ廉、中略君子聽二琴瑟之聲一則思二志義之臣一、竹聲濫々以立レ會、中略君子聽二竽笙簫管之聲一則思二畜聚之臣一、鼓鼙之聲讙々以立レ動、中略君子聽二鼓鼙之聲一則思二將帥之臣一。

此の文を讀めば樂器が各々之に對應する政治上の效果を豫定せられ、而して其の效果たるや國家統治に一として缺くべからざる要素であることを知る。そして之に續けて

君子之聽レ音、非下聽二其鏗鏘一而已上、彼亦有レ所レ合レ之也。鄭注に云ふ、聲を以て己の志を合成するなりと。

と言ひ、音樂は其の音聲を超えた心理的機能を重視すべきを結論してゐる。政治的音樂論は此に到つて極まれりと謂つて差支へ無い。

文侯子夏の對談に現れた子夏の音樂思想は、其の内容から考へても之を子夏その人に屬することは不可能である。政治的音樂論の此の程度の發達を子夏その人の時代に求めるのは之を早きに失するからである。然し彼の學が當然斯る方面への發展を促すべき要素を含んでゐたことから考察して、之を其の後學の徒に歸するのは無理ではあるまいと思ふ。

曾參及び其の後學の思想を知るべき文獻は曾子と孝經とであらう。曾子は漢志に十八篇が著錄せられ、其の中「曾子立事」（高似孫・王應麟見る所の本は修身に作る、）より「曾子天圓」に至る十篇は大戴禮中に現存するものが正に是で、他の八篇は夙に失はれたらしい。これは晁公武・王應麟の記す所に明かである。例へば

隋志曾子二卷目一卷、唐志曾子二卷、今此書亦二卷、凡十篇、蓋唐本也、視㆑漢亡㆓八篇㆒、視㆑隋亡㆓目一篇㆒、考㆓其書㆒已見㆓於大戴禮㆒。（郡齋讀書志）

と言ふ晁公武の文は之を示し、又呂氏春秋に引かれる曾子の言が現存十篇の中に或ひは見え或ひは見えないのも、亦以て此の事を證するに足りる。明の曾承業は曾參六十二代の後裔を以て曾子全書三卷を作り、阮元は大戴の十篇に據つて曾子注釋を著はした。たゞ此の書が曾參自身に關係するよりも寧ろ其の後學者の學を傳ふと見るべきは、思想的內容から略ぼ斷言し得る所である。既に宋濂なども書中に樂正子春・單居離等の問答が收めらるゝことを理由として、之を曾參の自著に非ず後人の輯する所に出づと言つてゐる。

孔子が曾參の爲めに孝を說いたと稱せられる孝經も、實は戰國末期曾參後學の徒に出づること

殆ど疑ふ餘地は無い。姚際恆は孝經の文中左傳類似の語多きこと、孝經の名が若し經字を去れば易詩書の如く一字を以て名くべからざることを擧げて、此の書の晩成を立證し、

孔子の作でないばかりでなく、周秦の書でさへない。（古今僞書考）

と結論する。此の説は文獻批判の態度に於いては大體當を得たものであるが、結論は未だ必ずしも正しくない。呂氏春秋察微篇に「孝經曰」として「高而不㆑危、所㆓以長守㆒貴也」の一條を引く以上、秦の始皇の時には既に此の書が存在したと言はなければならない。孝經の成立年代に就いては古來殆ど論じ盡され、今此に贅する必要は無いが、試みに其の主なる者を示せば、之を孔子若しくは曾子の作とする説の外、曾子弟子の作と爲す者（晁公武）、子思の作と爲す者、（馮氏、經義考卷二百二十二引く）齊魯の間の陋儒の作と爲す者等が有る。朱熹は其の一人で、次の如く言ふ、

孝經はたゞ篇首の六七章のみが本經で、其の後は傳文である。然し皆齊魯間の陋儒が左氏其の他の諸書の語を纂取して作つたものに過ぎない。全然文理を爲さゞる所の有るのは傳ふる者が其の次序を失つたからで、中庸大學の二傳とは全く比すべくもない。

左傳との類似に注目したのは姚際恆と同じである。朱姚二氏が孝經が左氏を襲つたと爲すに反し、近人王正己は左氏が孝經を襲ふと爲して之を駁する。思ふに類似の言は必ず一が他を襲ふと考ふべきではなく、寧ろ他の一つの本原より夫夫獨立に攝取されたか、或ひは其の中に包藏される思

想の發生すべき同一の社會的背景を、兩書が共有したからである。王正己が呂覽察微篇の引用、及び孝行篇と孝經天子章との文辭上の近似を指摘し、主として之に依つて孝經の成立を呂覽以前に置いたのは正しいと思はれるが、たゞ此の文辭の近似は之に伴ふ思想の近似といふ事實に、より重大な意義を認めなければならない。若し此の點に立脚して孝經を見れば、正に戰國末期曾參後學の思想的著作といふ結論に到達するのである。

孝經も曾子十篇も、孝を推重する根本態度に於いて、孔子以來の道德思想に修正を加へるものでは毫もない。否孝を以て他の總ての道德に先行すべき基本的道德たることを强調するのが、此の兩書を貫く顯著な倫理的立場である。

民之本敎曰レ孝、其行レ之曰レ養、養可レ能也、敬爲レ難。曾子大孝

孝有レ三、大孝不レ匱、中孝用レ勞、小孝用レ力。曾子大孝

の如く孝が精神的奉養を内容とすべきを論じてゐる。

又孝の實踐形式の重要性を述べて

盡レ力而無レ禮則小人也。曾子立孝

君子之孝也、盡レ力而有レ禮、莊敬而安レ之。曾子立孝

と言ふ。然し斯る客觀的規範たる禮と並び、主觀的反省たる忠の强調せらるゝは注目に値ひする。

君子立レ孝、其忠之用也、禮之貴也。曾子立孝

忠者其孝之本與。曾子本孝

の如き是である。主觀的反省が修德の工夫として曾參に於いて特に力說されたことは論語に見える曾參の語に明かであるが、此の倫理的立場は其の後學に至つても堅持された。而して其の結果は、元來個人間の平等關係の規律として定立された忠が、君臣間の特殊な犧牲道德に轉化せんとする傾向を示してゐる。

君子雖ニ言不ニ受必忠曰レ道、雖ニ行不ニ受必忠曰レ仁、雖ニ諫不ニ受必忠曰レ智。曾子制言

君子之事レ親孝、故忠可レ移ニ於君一。孝經

君子之事レ上也、進思レ盡レ忠。孝經

は此の思想を内容とするものである。忠が儒家の倫理觀念の中に出現した最初の意味は、前にも一言した如く、「爲レ人謀而不レ忠乎」「忠恕」「忠信」等の例によく示され、階級意識を伴はざる個人間の德目としてゞあつた。此の本來の意義が轉じて被支配者が支配者に對する强制的犧牲道德として說かれるのは、儒家に在つては荀子に始る。荀子は君主の公正に對して臣の忠を擧げ、忠に大忠次忠下忠の別を立てる。君主に對する貢獻の程度に由るのである。以後君主獨裁官人支配の機構が强固と爲るに從つて、此の道德觀念は大義名分論の一部を爲して儒家倫理思想に於け

る重要性を遞增する傾向を取つた。もつとも周末荀子以前に在つても階級的道德が忠の名に於いて存在したことは事實としては確かに有つた。左傳の如きは其の多數の例證を提供してゐるのであるが、儒家の倫理思想として主張されるに至つたのは戰國末期を遠く溯るものではない。曾子後學の徒も荀子と倶に其の時代の倫理思想を代表してゐるのであるが、玆に注意すべきは、彼等は忠の獨立性は認めつゝも猶ほ忠を孝に優先する道德とは考へず、忠を孝から導き出し孝の特殊形態として處理せんとしたことである。上に引いた孝經の文を初め、祭義の「事レ君不レ忠非レ孝也」の如きは其の一例と見られる（禮記祭義篇には曾子學派に關係深き資料を少からず含む）。孝を總ての道德の基礎に置かんとする欲求は必然的に斯る解釋を取らしめたのであつて、忠を優位に置かんとする後世の思想、例へば忠經の序に「孝は忠を俟つて成立する」と言ふが如きものとは頗る逕庭有るを思はしめる。正史に於いて忠義傳の創立は晉書に於いて之を見るが、猶ほ之を孝友傳の後に配するに反し、唐書明史宋史は之を孝義傳の前に冠する。亦以て忠孝觀念の倫理上の比重の轉變を察するに足りる。

孝に於ける愛慕の感情が父子の間に於ける共同關係の維持に貢獻し、之と並行して從屬關係を維持する爲めに奉養畏敬の義務が道德的當爲として强調されることは既に述べた。曾子に在つては父家長的家族組織の重要視から、子の親に對する沒主體性の强調を齎し、

孝子には私の樂しみは無い。父母の憂ふることは之を憂へ、父母の樂しむことは之を樂しむ

からである。孝子は巧みに變ずるからこそ、父母は之に安んずるのである。（曾子事父母）

と言ふに至る。子弟の人格的獨立が家族道德の名の下に埋沒される時、家族の封鎖的性格が濃化し、社會停滯の有力な原因と爲るのであるが、曾子の書が愛情の尊重にも拘らず從屬關係に大なる比重を置き其の絕對化を强調したのは、斯る家族形態に適應する道德を求めたからである。そして此が結果に於いて停滯的社會の成立を道德面から助長したことは說明を要しない。

曾子後學の思想中の最も注日に値ひするのは形而上學の出現である。

孝は天の經にして地の義であり、民の行ひである。天地の常道で人民は之に則る。（孝經）

と言つて孝の淵源を天地自然の法則に求めたのは、既に孝を人間の生物的感情から說明する立場を去てゝ自然法的解釋を取ると言ふべきであるが、若し一歩を進めて天經地義をより高次の一元的原理に歸せしめるならば、孝は宇宙原理そのものから導き出される。

夫孝者天下之大經也、夫孝置レ之而塞二於天地一、衡レ之而衡二於四海一、施二諸後世一而無二朝夕一、推而放二諸東海一而準、推而放二諸西海一而準、推而放二諸南海一而準、推而放二諸北海一而準。（曾子大孝）

の如きは明かに此の立場を表明してゐる。孝は絕對原理なるが故に時間空間を超越して妥當性を有し得る。「後世に施せば朝夕無し」「之を衡《よこた》へれば四海に衡はる」は正に其の謂に外ならない。本來人間に具る生物的感情に過ぎなかつた孝は、今や道德の總てを成立せしめる最高の原理にまで高められた。それは素朴な普遍的感情なるが故に他の道徳の基礎に置かれるのではなく、宇宙原理なるが故に衆徳の本と爲るのである。孝經に

孝弟之至通二於神明一、光二于四海一、無レ所レ不レ通。光字は横字の誤ならんと言ふ阮元の説は從ふべきである。

と言ふのも、孝が人間社會を超えて妥當性を有することを前提として始めて成立すべく、思想上同一の立場を取るものである。曾子の末尾に天圓の一篇が有る。單居離の「天員《まる》くして地方《しかく》なること誠にこれ有りや」は天地の形狀に關して發せられた問ひに相異無いが、之に對する曾子の

上首之謂レ員、下首之謂レ方、中略、參嘗聞二之夫子一、曰天道曰レ員、地道曰レ方、方曰レ幽、員曰レ明、明者吐レ氣者也、是故外レ景、幽者含レ氣者也、是故內レ景、故火月外レ景、而金水內レ景、是以陽施而陰化也、陽之精氣曰レ神、陰之精氣曰レ靈、神靈者品物之本也、而禮樂仁義之祖也。

なる說明は、天地の形狀を離れた天地の基本的作用、若しくは物理的感覺的天地に非ざる哲學的天地觀念的天地に觸れたと言はなければならない。そして彼は此の天地に具る方圓の德性から幽明陰陽を導き出し、萬物形成の媒介たる神靈に及び、遂に社會秩序の根本的規範たる仁義禮樂をも此に基礎附けるに至つた。存在の理由を陰陽の二理に依つて說明せんとすれば易傳の思想が發生するが、之を方圓といふ二つの對立する德性に求めたのが此の曾子の立場である。而して上文に明かなる如く曾子は先づ天地の道を圓方と規定し、次いで其の屬性を明幽と定め、然る後陽陰

に言及する所を見れば、此の思想は天圓地方なる物理的知識を一方に有し他方に陰陽思想を認識しつゝ、之を前者の立場から統一せんとした所に發生したことが窺はれる。單居離の天員地方の問ひに端を假る點から考へても、天地の形狀に關する科學知識に先づ倚存して形而上學的思辨に進んだ過程は、之を否定することは出來ない。そして其の最後は品物の根本、禮樂仁義の淵源を發見し、其の超人的權威の確立といふ人間社會の現實的問題に還流する所、此の思想に於ける形而上學の地位を善く示すと言へるであらう。

曾子・孝經のみでなく、後に言及する中庸に於いても然るが如く、一般に周秦の頃七十子後學に共通する思想的特徴は本體論的關心の擡頭である。これは其れ自體を學問の最終目標として意識したとは言ひ得ないまでも、其れ以前の儒家との間に存する明瞭な一線と言はなければならない。彼等をして斯くあらしめた原因の一つは道家思想の發達である。道家が其の抱懷する非文化主義自然主義の根據として主張した虛無の觀念は、明かに本體論的思索を經て到達したもので、彼等は宇宙原理の虛無性から自己の社會上の主張を導出せんとしたのである。此が道家思想の一つの新鮮味と認められたのは異しむに足りない。當時の儒家は之に刺戟されて、本來學問の對象から除外してゐた分野に對して新たに考察を加へざるを得ざるに至つた。斯くせずんば儒家は自己の思想構造の脆弱性を如何とも爲し得なかつたからである。

子思

子思が中庸を作つたことは史記孔子世家以來通論を爲してゐる。漢志には子思三十三篇を收め、隋唐諸志並びに子思子七卷（舊唐志は八卷に作る）を載せ、郡齋讀書志も子思子七卷を著錄するより考へれば、此の書は宋の時猶ほ存したことが窺はれる。然し王應麟は「今有㆓一卷㆒、皆取㆓諸孔叢子㆒、非㆓本書㆒也」と言ひ、汪晫の輯せる一卷本を見るに止つてゐるから、南宋では既に稀覯に歸したやうに思はれる。而して禮記の中庸・表記・坊記・緇衣の四篇が皆子思子に取つたことは始めて梁の沈約に說かれ（隋書音樂志）、後に黃以周に確認せらるゝ所、今改めて考證の必要を認めない。黃以周は禮記の四篇の外、累德篇の斷簡一條を加へて內篇とし、逸文其他疑似の文を輯して外篇と爲し、以て子思子の舊を復せんと試みた。今は之に依つて子思及び其の後學の思想を綜合的に窺ひ得るが、諸篇の中思想史的に重んずべきは固より中庸一篇を屈指とする。

中庸を子思の作とするのは司馬遷の外、孔叢子に子思が宋に於いて樂朔に圍まれた話を載せた後に

子思既免、曰文王困㆓於牖里㆒作㆓周易㆒、祖君屈㆓於陳蔡㆒作㆓春秋㆒、吾困㆓於宋㆒、可㆑無㆑作乎、於㆑是撰㆓中庸之書四十九篇㆒。

と有るが、事實としては固より信ずべくもない。周知の如く中庸は朱熹が獨自の眼識を以て章句を作り、又石墪の集解に本づいて輯略を作つて以來、一經十傳の脈絡貫通有る書と見做さるゝに至つたが、實は先人の既に指摘するが如く、此の書は成立上二部に別たれる。漢志六藝略に中庸說二篇を載せ、顔師古注に

　今禮記中有中庸一篇、亦非本禮經、蓋此之流。

と有るのは、既に此の書に關する文獻學上の基本問題を提出したと言つてよい。宋の王柏も此の點に着目して中庸二分論を唱道した。其の要は行を以て主と爲し修道を說く部分と、知を以て主と爲し明誠を說く部分とに區別して之を觀れば、分限嚴にして雜ならず塗轍一にして差はず、と言ふに在る。王禕は此の說を根據として之を展開し

　今宜しく朱子の定むる所に因り、第一章より第二十章に至るまでを上篇と爲し、第二十一章より第三十三章に至るまでを下篇とすべきである。上篇は「中庸」を以て綱領とする。其の下の諸章に智仁勇を推言してゐるのは、皆それに依つて中庸の義を明かにしたものである。下篇は「誠明」を以て綱領とする。其の後の諸章に天道人道を詳言してゐるのは、皆それに依つて誠明の道を明かにしたものである。

と斷定するに至つた。此の見解はそれぞれの中心思想が「中庸」と「誠」とに截然對置される事

實に立論の基礎を置いた點に最も合理性が認められ、大體今日の定説と一致するものである。伊藤維楨も中庸の構成に就いて夙に疑義を挾んだ一人であるが、彼は王柏及び陳善の説に賛意を表し、且つ第十六・第二十・第二十四の諸章が或ひは不均衡に長文であり或ひは鬼神禎祥に言及するの理由を以て何れも疑ふべきものと爲し、「中庸の一書は漢儒の誤る所と爲る點が甚だ多い」と論じてゐる。既に傾聽に値ひする考論たるを失はないが、殊に彼の卓見とすべきは第一章に對して始めて疑義を提出した一事である。曰く

> 首章の「喜怒哀樂」より「萬物育焉」に至る四十七字は本來中庸の本文ではなく、多分古への樂經の脱簡が誤つて中庸の書中に混入したものであらう。何故かと言ふに、此の部分の所説はたゞに六經論語孟子に反するのみでなく、中庸自身の中に於いても自己矛盾してゐるからである。中略今十證を發して之を明かにしよう。

と。而して六經語孟に叛くものとして、喜怒哀樂の未發に言及したこと五事を擧げ、自己矛盾するものとして、此の書が中庸を名とするにも拘らず首章に中和を論ずること、中字が後章按ずるに今の所謂古經を指すに於いては總て已發を意味すること、和字が子思の言に見えざること、天下の達道の内容が此の章と後章と合致せざること、此の章が大本達道を並稱するに後章は獨り大本をのみ言ふことを指摘する。そして喜怒哀樂の四字及び中和を連言するものは唯樂記のみなるを以て、此の篇

を樂經の斷簡と結論する旨を明かにしてゐる中庸發揮。此の論は今日に在つても大體肯定されて可いと思ふが、たゞ中庸を以て必ず子思に歸する根本立場を拋棄すれば、六經語孟に無き思想內容を含むことは思想當然の發展として容認せられ、又樂記の一部に現れた思想との一致も兩者が同一の精神的背景を有したことを考慮するならば、獨立並存の餘地は十分に認められる筈であつて、必ず之を樂經の脫簡と局限するには少し理由が薄弱であると思ふ。斯くして今日に於いては第二章より第十九章まで（但し第十六章を除く）の、「中庸」を中心觀念として立てる部分を中庸古經とし、其れ以外の各章卽ち第一章第十六章及び第二十章以下の、「誠」を中心思想として立てる部分を中庸新經と稱して區別するのが、學界の定論と爲るに至つた。兩經の間には成立上時期の先後が有り、古經は子思ならずとしても之に近い時代の作、新經は第二十八章の「車同レ軌、書同レ文」などの內容から考へて、秦の始皇の統一時代に於ける子思後學の徒の手に出づるもので、新經の作者は古經に冠するに第一章を以てし、古經に續くるに第二十章以下を以てして、自己の立場に於いて古經を包攝し、以て首尾一貫の思想體系を樹立する意圖の下に此の書を構成したことは、殆ど疑ふ餘地が無い。此の工作が巧妙に爲された爲めに、古來多くの學者をして此の書を首尾一貫の著述と信ぜしめるに至つたのであるが、實は思想史的には相當の距離を有する二つの部分より成るのである。

中庸古經の思想的特徴としては第一に中庸主義を、第二に孝道に關する特殊の解釋を擧げることが出來る。先づ中庸主義は古經の首たる第二章便宜上朱子章句に依る、以下同じが、

君子は中庸し、小人は中庸に反する。

の文を以て始るに續き反覆主張される此の書の中心觀念である。中庸の語は既に孔子の「中庸之爲ㇾ德也、其至矣乎、民鮮ㇾ久矣」の言を通して論語に見え、此の言は又古經の第三章に其のまゝ引用されてゐる。玆に中とは不偏不倚過不及無きを言ひ、庸とは平常の道を意味すると解せられるから、古經の思想は孔子の中庸論から發展し之を以て道德の極則としたものに外ならない。つまり人間が常道として居常執持し而も過差無き所の道は、不偏不倚の原則たるべきを謂ふのである。たゞ中と言ひ不偏不倚と言ひ過不及無しと言ふのは何れも算術的平均を意味するに非ず、時と所とに應じた美的調和の狀態を指すことに注意しなければならない。古經の作者が舜を大知として稱し、其の理由を

惡を隱して善を揭げ、其の兩端を執つて其の中を人民に行ふ。

に求めたのは、所謂中が美的調和を內容とする最高の意味たるを示す最も善き證左である。若し中が單なる算術的平均に過ぎずとすれば、之が認識は必ずしも聖人を俟つて然る後可能なものではなく、「爵祿は辭すべく白刄は蹈むべきも、中庸は能くすべからず」と言はるゝが如き高度の

規範的價値を與へられる筈も無いであらう。故に中の道は形式的には極端に位置することは有り得るが、内容的價値的には常に其の時と所とに應じて最高位に居る筈である。美的調和は此の意味に外ならない。從つて中は決して固定した形を取るものではなく、周圍の條件に適應して其都度決定されなければならない。具體的内容は環境に依つて作られるのである。古經の作者が「强」卽ち勇に二種の類有るを述べ、金革を衽とし死して厭はざるを北方の强として輕賤する一方、寬柔以て敎へ無道に報ぜざる所の無抵抗主義文化主義を以て南方の强にして君子の行ふ所と述べてゐるのは注目に値ひする。此に中なる道の一箇の具體的形態が現れてゐるからである。然し中が斯くの如きものたる以上、若し之を支へる主體的精神が失はるれば極めて低級な順應主義に陷り、倫理的性格は一掃される危險を伴ふ。美的調和の所在を判斷する能力は容易に獲得されるものではない。「人は皆自己を知者と考へてゐるが、中庸の道を擇び取つて期月も之を執守し得ない」と警告される所以は此に存する。

仁が道德の基礎たると同時に道德の總和たりしが如く、中も二樣の性格を有してゐる。

　君子之道費而隱、夫婦之愚可二以與知一焉、及二其至一也、雖二聖人一亦有レ所レ不レ知焉、夫婦之不肖可二以能行一焉、及二其至一也、雖二聖人一亦有レ不レ能焉。

と言ふのは正に是である。夫婦の愚の能くする所と聖人と雖も能くせざる所とは、決して同次元

の中ではない。又中の内容が仁と同じく人間の自然的感情と遊離せざることは、

道は人から遠いものではない。人が道を作りながら人から遠いものであれば道とすることは出來ない。故に君子は人を以て人を治め、改めれば止めるのである。

の中に表明されてゐる。故に具體的には中は孝から導き出される。古經の末尾數章が舜や文武の大孝に言及してゐるのは、卽ち其の必然的關係を示すものに外ならないが、唯問題は仁とか孝とかの如き内容的概念を用ゐること無くして、一應内容の具體性を超越して之を中といふ原理的概念に抽象した所に、中庸古經の有する思想的立場が注目される。つまり美的調和性に最高の倫理的價値を認め、之を道德の極致と見たことが、此の書の最大の意義であると言はなければならない。

次に孝道に關する特殊解釋の問題に入らう。孝が孔子以來基本的道德として重きを爲したことは言ふ迄も無いが、中庸古經に於いては第十七章以下を特に孝の解明に費し、先づ舜の大孝を說き、其の性格を

德爲㆓聖人㆒、尊爲㆓天子㆒、富有㆓四海之內㆒、宗廟饗㆑之、子孫保㆑之。

に求める。武王の場合も全く同じで、生前に於ける道德名譽財富及び死後に於ける祭祀の繼續は、孝の内容を形成する不可缺の要素である。是に於いて孝は家庭に在つて善く親に事へるに止らず、廣く社會的規模に於いて考へられるに至つたことを知り得る。德が高められた當然の結果として

世俗的な地位名譽を獲得するのは勿論、其の家を長く絶えしめざる經濟的精神的基礎の樹立が孝の重要條件と爲されるに至つた事實は、孝の社會的擴張を意味すると言つてよい。孝は家庭内の倫理に始るとしても社會的榮達を以て窮極終焉するのである。第十八章に次の如く見える。

父が大夫であり子が士たる場合には、父を葬るに大夫の禮を以てし父を祭るに士の禮を以てする。父が士で子が大夫たる場合には、父を葬るに士の禮を以てし父を祭るに大夫の禮を以てする。

祖先の葬祭が孝の德の實踐上重要な比重を有すること言を俟たない。而して其の禮は父の地位に從ふべきか子の地位に從ふべきかの問題を決するに當り、中庸の作者は右の如く葬は父の地位を示す禮に從ひ祭祀は子の地位を示す禮に從ふべきことを主張する。葬は一回限りの禮たるに反し祭祀は反覆執行せらるゝが故に、祭祀に子の地位に相應する禮を用ゐるべしとする旨趣は、子の有する社會的名譽を祖先の待遇に常に反映せしめ、兩者の必然的一致を求めんとするに在る。子孫が道德榮譽を得ればそれは直ちに祭祀の禮を通じて祖先の名譽を高めることが出來る一面、若し零落すれば其の恥辱は祭祀の續く限り祖先に及ぶ。これは孝の範圍を最も擴大した思想と稱すべく、孝は家庭から社會へと空間的に擴大されたのみならず、時間的にも無限の範圍に其の領域を擴張したのである。然し此は徒らなる出世主義を意味しない。道德的秩序の支配する社會に在つては、有德者は自然之に相應する地位名譽並びに之に伴ふ經濟的內實を享有する筈であるから、世俗的出世主義と全く隔絶せる德性の涵養のみが自ら斯る結果を獲得し孝道を達成することに爲る。之を裏から言へば、自己の德性涵養と社會的榮譽と祖先の顯彰との三者が必ず矛盾無く相即實現されるのは、獨り道德的秩序の世界に於いてのみ可能であり、又斯くの如き三位一體的關係が樹立せられずんば、眞の意味で孝を道德の基礎とすることは出來ない。孝道の實踐が名譽を失ひ經濟的困苦を將來するが如きは、矛盾も亦甚しく飽くまで變態に外ならないからである。斯る廣い視野を有する孝の思想は、中庸以前に於いては未だ潛在觀念の域を脫せざりしものであるが、此が一たび顯在化する時には、やがて曾子に見ゆるが如き宇宙原理へと高めらるゝ方向に第一歩を踏み出したと言つてよい。要するに孝を生存せる人間の間に限定すること無く、子孫一般と祖先一般との關係に擴大し、且つ之を家の觀念に結合して說いた所に、中庸に於ける孝の特殊性が在ると思はれる。

中庸古經に於いて頻繁に現れ其の中心觀念を爲した「中庸」は、新經に於いては忽然として影を沒し「誠」が之に代つて出現する。中心問題は明かに中庸から誠に移行したことを思はしめる。新經では第二十章以下章として誠の語を見ざるは莫き實情であるが、先づ二十章で

誠者天之道也。

と説かるゝより察し、人心の誠卽ち眞實無妄なる道德的極致を人間の本質と考へ、之を以て天道なりとするのが、新經の基本的立場たるを知る。誠が天道卽ち宇宙原理たるを得れば、人間性の解明は一大躍進を遂げたと言ふべく、性善論は新たに哲學的根據が提供されたことに爲るのである。

人間の本性は宇宙原理と一致するが故に、其の本質さへ失はれざれば人は自ら萬物の理に明かであり得る。所謂聖人は正に此の境地に在る者で、彼等は意識的に思慮を用ゐずして常に理に明かと爲り、善に居り惡に遠かることが可能である。聖人は理そのものと何等選ぶ所は無い。然し凡人は後天的理由に依つて天賦の本質を正しく保持し得ないから、學に依つて理を明かにする經驗的手段に訴へて誠を恢復しなければならない。學問修德卽ち廣義の敎へを必要とする所以は此に存する。新經の作者が

誠よりして事理に明かなるを性と謂ひ、事理に明かなるよりして、誠に至るを敎と謂ふ。誠ならば事理に明かであり、事理に明かなれば誠であり得る。努力して誠ならんとするのは人の道である。其の具體的方法は善を選擇して之を固執することである。

と述べてゐるのは此の意味である。第一章の冒頭の言「天の命ずるを性と謂ひ、性に率《したが》ふを道と謂ひ、道を修むるを敎と謂ふ」も、同一内容を表現してゐる。性が天に命ぜられたものであると

言ふのは、即ち性と天理との同一性の謂に外ならず、從つて人道は性に率ふに存し凡ての敎へは此に歸着する。性が天理ならば理は宗敎的には神であるから、新經の思想は哲學的には一種の汎神論と言つて不可は無い。故に新經には

至誠は神の如し。

とも見えてゐる。新經では誠は宇宙原理であるから、他の原理を俟つて始めて其の存立が可能と爲る性質のものではなく、反つて萬物存在の根本原理に外ならない。

誠者自成也、而道自道也、誠者物之終始、不レ誠無レ物。

と言ふのは此の爲めである。誠は自己形成の原理たると同時に萬物形成の原理たる認識から出發し、中庸は前者を仁の德、後者を知の德と爲し、仁知を一の誠卽ち人の性から導き出さんと試みる。誠は其の性質上生成發展息む時は無い。故に悠久の生命力を有する。仁知の根源が此に存すれば道德の永遠妥當性は確保される。誠は又宇宙の間に徧滿する。故に其の屬性として博厚高明が得られる。時間的にも空間的にも如何なる種類の制約をも拒否する一面、萬物を離れて現象の外に存在するのではない。凡ゆる存在の中に原理として內在するのである。誠が、天地の萬物を覆載し永久に生育の功を停止せざるに比況される所以は此に在る。

古經に在つて美的調和性の名稱たりし中は、新經に於いては

喜怒哀樂の未だ發せざるを中と謂ひ、發して皆節にあたるを和と謂ふ。中は天下の大本であり、和は天下の達道である。

と説かれ形而上學的概念とされてゐる。喜怒哀樂は情であるから、其の未發たる中は明かに性を意味する。然るに性は新經では天命に外ならざるが故に、中も亦宇宙原理以外のものたり得ない。「天下之大本」とは其の謂である。中の正しい發動形式たる和が天下の達道とせられる所以も、中の意味から當然に導き出される。新經に中を論ずるものは他に存せざるに拘らず、獨り此の一章に中和を説くのは、古經の中の概念を發展せしめ之を内に含みつゝ全體的統一を庶幾したからと考へられる。

中庸新經を特色附ける誠の思想は、其の萠芽を孟子離婁に發見することが出來る。

是故誠者天之道也、思㆑誠者人之道也、至誠而不㆑動者未㆓之有㆒也、不㆑誠未㆑有㆓能動㆒者也。

が即ち其れで、此の文は中庸の第二十章に殆ど其のまゝ採入されてゐる。中庸の思想が之を淵源として展開されたことは全く疑ふ餘地は無いとしても、孟子に在つては誠の形而上的基礎附けも未だ見られず、且つ誠を中心とする全思想體系も發達を示してゐない。其れが孟子を去る約百年の期間に儒家思想中空前の形而上學にまで發達したのは、曾子後學の場合と同じく道家思想からの影響が考へられる。斯る思想が一方に於いて有力化するに從ひ、實踐的な儒家思想は理論の薄弱性が意識されざるを得ざるに至つた。孟子は性善を力說したが、經驗的可知世界に止つてゐた彼は性其のものに卽して性の本體を明かにするを得ず、僅かに性の發たる情を通して之を間接に知るのみであつた。直接に性自體に關する分析理論を展開し得ないのは、其の當然の制約に外ならなかつたのである。此は形而上學的意欲の高まるに從ひ、確かに一つの脆弱點と爲らざるを得ない。中庸の如く、性を天の命卽ち喜怒哀樂以前の狀態と考へる立場に達すれば、此の問題は純理的に一擧に解決することが出來る。首章に於ける中和の說は卽ち性と情との正しき在り方を言つて居り、更に中を天下の大本、和を天下の達道とするのは、宇宙原理と其の活動形式とがそれぞれ人の性と情とに一致する所以を指摘したものである。かくて人間は本質上宇宙と異らざる存在と爲り、其の極致たる聖人は宇宙の化育に參する能力を獲得する。天人一致の理論は是に於いてか完結を見たのである。中庸は此の事を、

中和を致せば天地位し、萬物育つ。

と表現してゐる。漢以後の儒家が人間小宇宙論を抱き天人相關說を爲す理論的根據は、中庸に依つて初めて與へられたと言つてよい。

子　游

子夏と並び文學を以て許された子游及び其の後學と關係の深い文獻は禮記に散見してゐるが、思想史上重要な意味を有する資料は禮運の一篇有るのみである。此の篇と子游との關係は篇首に其の名を稱する點よりも肯定せられ、清の邵懿辰をして

子游特受ニ禮運精微之說一、其徒又爲ニ檀弓上下等篇一、記ニ行禮節目一甚詳、禮運自稱ニ言偃一、則全篇皆子游所レ記孔子之言也。（禮經通論）

と言はしめてゐる。「子游所記の孔子之言」は經學意識の現はれであるとしても、此の篇を子游學派の思想を傳ふる文獻と見ることに就いては、蓋し何人と雖も反對する者は有るまい。

禮運篇の作者は先づ禮治主義の立場に於いて禮の政治的重要性を說き、

禮なるものは君の持つ大柄である。嫌疑を別ち微を明かにし鬼神を儐し制度を考へ仁義を別つ所以であり、同時に政を治め君を安んずる所以である。

と言ふ。これ君主の統治作用は總て禮を俟つて始めて其の效果が具體化するの意に外ならないが、此の篇の作者は斯る强大な力を有する禮を何物から導き出さんとするか。

夫禮必本ニ於大一一、分而爲ニ天地一、轉而爲ニ陰陽一、變而爲ニ四時一、列而爲ニ鬼神一、其降曰レ命、其官ニ於天一也。

と有るに徵すれば、禮は他の原理に依つて存立するに非ずして其れ自身最高の原理と考へられて

ゐる。大一は言ふ迄も無く天地未分元氣混沌を指すのであるから、大一に本づく禮は天地陰陽四時鬼神の根本原理たり得る。故に作者は

夫禮必本ニ於天一、動而之レ地、列而之レ事、變而從レ時、協ニ於分藝一、其居レ人也曰レ養。鄭注に養は義の誤りなりと

とも言ひ、存在の根原、現象に對する高次の客體たる禮を明かにしてゐる。曾子が孝を以て、中庸が中及び誠を以て宇宙原理を把握したと同じ本體論的要求が、禮運に於いては禮を以て爲されてゐる。これ子游が本來禮に精なりし所から考へて當然の歸結である。禮が旣に斯くの如く解釋された以上、國家社會に於ける禮の意義は甚だ重要と爲る。政を治め君を安んずる所以のものが禮に求められるのを始め、幽國・疵國・亂國・僭君・脅君等と呼ばれる狀態が總て禮を標準として判斷された結果、非禮的要素を含むものとして記述されてゐる。此の意味に於いて子游後學の徒は正に禮治主義者と言つて差支へ無いのであるが、然し彼等は荀子の如く具體的な禮の普遍的整備に依つて禮治の徹底化を企圖する代りに、彼等が禮の本體と考へる所の形態を取つた禮の顯現に依つて、禮治主義を達成せんとする方向を取つた。法律制度は禮の具體的存在形式ではあるが、子游後學の徒の考へる禮の本體ではない。彼等の認めて以て本體と爲す所は、飽く迄天地陰陽以前の最高原理としての形態である。子游後學は禮を其の最も根源的な形に於いて顯現し、之を以て禮に依つて維持される社會の出現を庶幾したのであるが、其の理論的歸結は言ふ迄も無く

具體的な一切の規範の否定の上にのみ成立する社會であつた。荀子とは正反對の方向を極めた大同社會の理想は、此の結果構成されるに至つたのである。等しく禮治主義と呼び得るとしても、一は法治への展開を豫想せしめるに反し、一は禮の否定を前提とするの已むなきに至つた。荀子が常に實定法的な禮を認識の對象とするに對し、子游の徒が禮の宇宙原理的認識に重點を置く所に、此の背反を豫定すべき、禮に對する根本的態度の差異が既に現れてゐたのである。

大同を論じた禮運の文に就き、邵懿辰は錯簡の存することを指摘する。曰く

禮運一篇、先儒每歎二其言之精一、而不二甚表章一者、以下不レ知三首章有二錯簡一、而疑上三其發端近二乎老氏之意一也、今以乙禹湯文武成王周公由レ此其選也、此六君子者未レ有下不レ謹二於禮一者上也二十六字甲、移下置不二必爲一レ己之下、是故謀閉而不レ興之上上、則文順而意亦無レ病矣、就二本篇一有二六證一焉。（中略）他篇又得二二證一。（禮經通論）

彼の擧げる六證及び二證は多く內容上考へられた問題であるが、悉く經學的意識に累せられたもので、思想の歷史的發展の面を等閑に附した嫌が深い。老氏の意に近しとして排するといふ見解自身既に自己の立場を反映するに過ぎず、禮の形而上學的理解に進んだ子游學派としては、其の類似は寧ろ當然の現象に外ならないと言へるのである。要するに邵氏の錯簡說は他に實證的根據の存せざる限り傾聽に値ひせざるものと思ふが故に、今は原文に依つて考察を加へる。

大道之行也天下爲レ公、選レ賢與レ能、講レ信脩レ睦、故人不三獨親二其親一、不三獨子二其子一、使二老有レ所レ終、壯有レ所レ用、幼有上所レ長、矜寡孤獨廢疾者皆有レ所レ養、男有レ分、女有上歸、貨惡三其弃二於地一也、不三必藏二於己一、力惡二其不上出二於身一也、不二必爲上己、是故謀閉而不レ興、盜竊亂賊而不レ作、故外レ戶而不レ閉、是謂二大同一。

大同社會の實態は右の如く記述されてゐる。此の理想社會の特徴は、同じ禮運に次善的社會として大同と並記せらるゝ小康社會と對比する時甚だ明瞭と爲る。先づ大同社會の政治的性格としては一切の統治關係の缺如が擧げられる。從つて政治を普通の意味に解して國家の全統治作用の總稱とすれば、大同社會は無政治性を唯一の政治的性格とすると言ふ外は無い。孔子以來歷代の儒家一として政治の存在を前提として說を爲さゞるは莫く、政治の內容を充實し理想的にする爲めにこそ道德主義や禮樂主義が高調されて來たのであつた。小康社會は正に其の限りに於ける極致を描いたもので、此では君主の世襲制度は是認せられ、禮儀道德に依つて君臣父子兄弟夫婦の秩序は維持される。禹湯文武周公は斯る社會を建設した功勞者として稱揚せられてゐる。然し具體的禮儀の否定に到達した子游學派に於いては、小康社會も亦否定せらるべきものであつた。從來の思想の性格を以てしては、小康の世は考へ得る最高の理想社會であるに拘らず、禮の觀念自體が形而上學的發展を遂げた立場に於いては此の制限は打破されなければならなかつたのである。

子游の徒と雖も嘗ては疵國脅君等の例に見られる通り、禮制の完備を追求する禮治主義の段階を通過したのであつたが、然し禮其のものゝ形而上學的認識に伴つて斯る立場の否定の上にこそ眞の禮治主義の存するを知つた。此の變化は論理上當然の經過と稱すべく、其の窮極に大同社會の構想を導き出す爲め不可缺の前提であつたのである。故に此の社會に於いては君主の存在は一應承認されるとしても、其の地位は最高の賢者に傳へらるべきを以て、封建社會に於ける君主とは全く其の性格を異にせざるを得ない。そして此の君主の資格が人民の總意に依つて決定せらるべきは勿論であるから、其れは近代國家に於ける大統領的性格の、而も無政治社會に適せる一種の中心的象徴に外ならざるを知る。大同社會に在つては元首を認めるとしても、せいぜい斯くの如き性格のもの以外は其の性質上考へられないからである。

政治の缺如と共に大同の特徴を爲すのは道德の缺如である。小康社會に在つては禮義が嚴存し、總ての社會秩序は其の權威の下に維持されるが、大同の世に於いては道德の片鱗をも發見すること は出來ない。否、普通の概念に於ける道德の否定こそ此の社會成立の前提を爲してゐる。小康は道德の普及發達の限度を示すが、道德の內容を如何に高め其の範圍を如何に擴大すとも、此の方向には大同社會は永遠に出現する筈は無い。道德の一切否定を必須條件として成立する社會は、畢竟道德を必要とする社會關係の消滅を要求するに外ならない。小康の世は普通の概念の道德に依つて保持さるべき君主父子兄弟夫婦の基本的社會關係が嚴存するが、大同の世は自己の親及び子と他人の其れとの間に差別を意識すべからざる社會であるから、道德の對象と爲るべき關係は全く存せざるを知る。此に在つては儒家倫理思想の基本觀念たる孝弟道德の否定に依り、家族構造的社會も存立の基盤を失ひ、道德に依據する階級制度の如きも固より成立の餘地は無い。政治の缺如道德の消滅が、儒家思想としては如何に急角度の轉向を意味するかは、此の點にも善く現はれてゐる。

然らば政治を否定し道德を無用とする大同社會は、自己存立の爲め何を必須條件として積極的に要求するか。此は二つに大別することが出來る。一は社會施設、一は特殊の經濟關係である。老者が皆天壽を全うし、壯者が悉く勞働に從事し、幼者が支障無く生育を遂げ得るといふのは、經濟的に極めて良好な狀態を背後に必要とすること言ふ迄も無いが、大同論者の旨趣は不具廢疾者救恤の問題と同じく、社會政策的施設の完備に依つて之を達成せんとするに在る。そして大同社會の理論自體から考へても、斯る施設が個人的規模に立つものではなく、社會的公共的性格のものたるべしと考へられたことは殆ど疑ふ餘地は無い。「男有ㇾ分、女有ㇾ歸」の如き、一般儒家思想に於けるが如く之を道德的向上に依つて達成せんとするに非ずして、之を社會政策の整備に依つて實現せんとするもので、此に兩者の思想的差異が存する。此等の社會問題を對象とする社會政策の必要は、例へば禮記王制の「瘖聾跛斷者や侏儒百工は各々其の特殊能力を活かして之を食ふ」「少にして父なき者を孤と言ふ。これには常に食を給する」の規定、及び周禮媒氏の職掌の中にも十分認識されてゐるが(註十三)、大同思想は特に之を强調し、徹底せる社會政策を自己存立の一つの基礎條件とさへするのである。大同社會が積極的に要求する第二の條件、即ち特殊の經濟關係は、實は此の社會成立の爲めの最も基本的條件である。財貨の私有が行はれず勤勞が尊重されることは、小康社會に在つて此の兩者が凡て個人主義的に考へられ、其の必然の結果として權謀鬪爭まで或る程度其の不可避性が承認される事實と對比する時、重要な意義が看取される。財貨の生産蓄積及び勞働はすべて社會的目的の下に意義附けられ、從つて其の本質上財産に對する防衞の如き一切不必要に歸する。しかも一面に於いて生産の爲めにする勞働は甚しく尊重せられると共に、勤勞の意欲有つて勤勞し得ざる不合理は社會政策の充實に依つて除去される。大同社會が完全な社會主義社會たるは、是に至つて全く說明を要せずと言つてよい。そして此の社會を分析すれば、其の成立の基礎に私有財産制の否認といふ經濟思想を有することが明かである。之を出發點として社會主義的構想を進めた時、茲に大同社會の經濟的性格が決定されるに至つたのである。たゞ茲に最も注意すべきは政治の缺如なる特殊性格の制約を被る此の社會に在つては、社會主義が何等の强制力をも背景とすること莫くして維持される點である。近代社會主義が常に强力な中心權力の必要を意識するに反し、大同主義は權力的要素を凡ゆる意味に於いて排除する。これは齊しく社會主義的社會思想と雖も、大同思想が他の社會主義と區別される特徵であるが、此の特徵の發生は此の思想の哲學的根據が虛無的性格を有する所の禮に置かれることを思ふ時、如何にも其の然るを覺えるのである。

　大同思想は其の哲學的基礎を虛無的禮に、其の經濟的基礎を私有財產制の否認に置き、兩者を統一する所に發生した。凡そ社會的權力が財產を中心として發生した所以に思ひを致すならば、私有財產制の否認は旋て一切の權力の否認と爲り、政治的關係の消滅が要求されるのは當然のことゝして理解される。然し之を從來の儒家思想と對比するならば、兩者の性格は著しく異るが故に、大同思想を儒家思想の正常の展開過程に出現する一形態とするを好まず、之を道家思想の影響に依るものと主張する學者が有る。例へば馮友蘭氏の如きは正に其の一人である中國哲學史。子思曾子の後學に見られる如く、戰國末期の儒家に對する道家の影響は固より否定し得ざる事實であるが、大同思想を全く道家的影響の所產とするのは過ぎてゐる。子游後學が禮治主義を抱き禮敎的社會の理念を一たび經驗したことに依つて知らるゝのみでなく、無政府的な隱遁思想及び國家權力否定の思想が孔子以來の傳統として有力に存する事實も之を輕視してはならない。此等の思想は若し適當な哲學的基礎と社會條件とが提供されさへすれば、立所ろに大同思想に到達し得る契機を内に包藏するからである。

四　賈誼

賈誼は周知の如く前漢文帝の時の通人で、其の略歴事蹟は史記漢書の本傳に大體悉されてゐる。梁の懷王が入朝し落馬して死したのが文帝の十一年であり、

後歳餘亦死、賈生之死、年三十三矣。

の傳文に徵すれば、其の生るゝは高祖の七年に在るを知る。汪中の賈子年表に本づいて作られた王耕心の賈子年譜も之に依つてゐる。從つて董仲舒とは略ぼ生理年齡を同じくするが、彼が經學時代の初代を代表するに反し、此が一應前經學時代の終末に其の地位を占めるのは、學者的年齡の老若に依る。董の中央に於ける活動が其の六十歳以後に屬し三十四十の時は殆ど聞えざりしに對し、賈は本傳の記載に依れば二十二歳博士と爲り、一歳の中超遷して太中大夫に至り、二十五歳以降連りに諸疏を上り、其の言ふ所頗る文帝に嘉納された。斯る學者年齡の差異が兩者の思想史的地位を異らしめた最大の理由である。然し經學時代は武帝に至つて突如出現したものでは決してない。新時代は舊時代の中に其の發生の起動力を包藏蓄積しつゝあり、前經學時代が經學時

代へ連續的に轉換すべき原因を自己の中に醞釀しつゝあつたことを思ふならば、前代の終末を飾る賈誼は實質的には後代を開く萠芽としての意味を有したことは否定し得ない。此の關係を看過するならば、賈誼の思想史的價値に對する正しき認識は期し得ないのである。

賈誼に關する記錄は史漢本傳の外、史記の日者列傳と風俗通正失篇とが擧げられる。日者列傳に依れば、賈誼は「古の聖人は朝廷に居らずんば、必ず卜醫の中に在り」といふ確信の下に、中大夫宋忠と共に同輿して長安の卜肆に遊び、卜主司馬季主と答問し遂に其の言に屈するの一談を殘してゐる。此が若し事實とすれば其の「賈誼爲㆓博士㆒」の言から文帝元年彼の二十二歲の時の事に爲るが、談の信憑性は保證し得ない。文景の頃は虛無思想が流行して黃老の言を尙び、儒家を司空城旦を以て評し去つたと傳へらるゝ程であるから、此の時代思潮を反映し道家言を以て儒家言の上に加へんとする說話の發生すべき地盤は十分有つたと想像される。孔子道を老聃に問ふの一件と同じく、斯る說話は思想の交流期には常に發生する可能性が多い。そして此の種の說話の主人を前漢初期に求める時には、儒家的立場に於いて新文化創造の意慾に燃えた賈生の如きが、最も效果的な演役者であつたことは想像に難くない。

賈誼の著述としては現在新書五十八篇が存する。崇文總目に

本七十二編、劉向刪定爲㆓五十八篇㆒。

と有るを見れば、此の篇數は漢以來定つてゐたらしい。漢志には賈誼五十八篇が著錄せられ、本傳の贊に於いても班固は

凡所二著述一五十八篇、掇下其切二於世事一者上著二于傳一云。

と述べてゐる。斯くて五十八篇が本書の舊態を傳へることは確實であるが、今本の全部を賈生の自著と見ることは到底出來ない。朱熹が「看來ればたゞ賈誼の一雜記稿に過ぎない」と言ひ、陳振孫も

漢書に見える部分以外は淺駁で觀るに足りない。決して賈誼のものではない。書錄解題

と稱するのは、總て現行新書の雜駁性に本づく批評に外ならず、確論と言つてよい。蓋し賈誼の書は賈誼の論策類を中心としつゝ同じ學派の徒に依つて劉向以前に大體纏つた形に整へられたものが、向の刪定に依つて五十八篇に固定し、班固をして其の一部を本傳に採掇せしめたのである。然し其の後に至つて原本が一たび散佚に歸し、現行本は更めて本傳所引の舊文を中心として五十八篇の目を復した結果成立したものであらうと思はれる。漢書所引の外は淺駁見るに足らずとするのも、今本の首尾錯亂するのも、又四庫提要言ふが如く今本と唐人見る所と一致する現象も、かく考へることに依つて悉く解決される。從つて嚴密には賈生個人の思想討究の上には新書は資料として妥當性を缺く部分を含むのであるが、彼に依つて代表される文景時代の新文化主義の思

想にまで視野を擴げるならば、必ずしも漢書所引の部分のみに限定する必要も有るまい。

倫理思想

賈誼に代表される倫理思想は、現行新書を以て言へば道術・六術・道德說の諸篇に其の基本的主張が見える。儒家の傳統的道德觀念に根本的修正を加へたのでは固よりないが、其の特徵は道德を心理學的直觀的に把握する立場を一擲し、理智的方法的に基礎附けんと試みた點、及び神祕數六を以て其の理論的根據と爲した點に發見される。つまり道德の本質については儒家傳來の觀念が維持せられてゐるが、其の解釋の方法は甚だ異るのである。彼の道德論を理解する爲めには、先づ其の根柢に横はる彼獨特の哲學を知らなければならない。此の哲學は先づ德の六理といふ概念から出發する。

德有二六理一、何謂二六理一、道・德・性・神・明・命、此六者德之理也。 六術及び道德說

六理は賈誼に依れば道德法及び道德行爲の基礎を爲すのみならず、總ての社會秩序を成立せしめる根本理法とも爲るものに外ならないのであるが、先づ道に就いて彼の說明を聽くならば、

道者無レ形、平和而神。 道德說

物之始形也、分元而爲レ目、目成也形乃從、是以人及有因レ之。 道德說

と言はれる。道は形以前のもの、萬有の因つて以て存在する最高の原理である。本體論的には之を虚と稱する。故に曰く

道者所㆓從接㆒物也、其本者謂㆓之虚㆒、其末者謂㆓之術㆒、虚者言㆓其精微㆒也、平素而無㆓設施㆒也。道術

次に德は

德者離㆑無而之㆑有、故潤則腒然濁而始形矣。道德說

德者變及㆑物、理之所㆑出也、夫變者道之頒也。道德說

と說かれ本體たる道が示す第一の作用の形式を指すと考へられる。凡ゆる存在は此の段階に於いて始めて存在としての根據が具體的に與へられる。即ち存在に關する理が出現する。總ての現象や存在は道の變化發動を待つて始めて可能なるに過ぎない。「變者道之頒也」は、道の眞實の姿が德と稱せられる變化の段階において、盡く表はれることを言ふと思はれる。故に道と言へば絕對最高の實在そのものゝ靜的存在論的把握であり、德と言へば其の動的機能論的把握である。性については、

性者道德造㆑物、物有㆑形、而道德之神專而爲㆓一氣㆒、明其潤益厚矣、濁而膠相連、在㆓物之中㆒、爲㆑物莫㆑生、氣皆集焉、故謂㆓之性㆒、性者神氣之所㆑會也。道德說

と説かれ、德の理なるに對し氣を含む概念として成立してゐる。萬有は獨り德の能く支へる所でなく、必ず質料を要する。「神氣之所會」なる性は、理と質料とを兼ねる概念に外ならず、萬有は此に至つて始めて其の個性を獲得し具體的存在と爲り得る。次に神は

神者道德神氣發二於性一也、（中略）變化無レ所レ不レ爲、物理及諸變之起、皆神之所レ化也。（道德説）

と説明される。個性を得、具體的存在としての意味を與へられた萬般の事物は、總てそれぞれ獨自の存在理由を荷つてゐるものと言はなければならない。而して事物の道理萬象の變化は、悉く其の存在本來の意味を完うすべき潜在力に依つて成立展開すると考へることが出來る。神とは卽ち此の潜在的勢力に外ならない。換言すれば、固有の意味を實現する作用の根源的な力を言ふのである。然るに此の固有の潜在的勢力が其の豫定の方向を取つて積極的作用を營むに從ひ、其の存在固有の意味は益々明瞭と爲る。是に於いて賈誼は明を

神氣在レ內則無レ光而爲レ知、明則有レ輝二於外一矣。（道德説）

と説明する。意味が單に與へられたまゝの意味として存在する場合は知であるが、其れが他の事物に對して自己の意味を積極的に主張する時之を明と稱するのである。明に於いて凡ゆる存在は其の個性が最も極端に表明せられ、其の意味も亦從つて强く認識されるに至る。さて存在が道の作用に依つて存在の根據を附與せられ、獨自の意味を負荷せられ、其の在るべき形を以て在るべ

き地に在るといふ存在上の規定は、自己の任意を以て獲得されるものではなく、全く道の有する合目的作用の致す所に外ならない。此に命が有るのである。故に賈誼は

命者物皆得㆓道德之施㆒以生則澤潤、性氣神明及形體之位分數度、各有㆓極量指奏㆒矣、此皆所㆑受㆓其道德㆒、非㆘以㆓嗜欲㆒取舍然㆖也、其受㆓此具㆒也、礐然有㆑定矣、不㆑可㆑得㆑辭也、故曰㆑命。道德說

と述べてゐる。

以上六理の論を見れば、此の思想が道の概念を基底として成立し、而も其の概念たるや道家に甚だ近似せるは何人にも明かに看取される。周末以來道家思想の儒家に對する影響は各方面に少からず指摘し得るが、無爲自然主義の支配した漢初廿數年の後に於いては、儒術を中核とする新文化主義の唱道者は、斯る本體論的基礎の上に自己の思想體系を構成せざるべからざる要請に迫られたのである。唯原始道家が單に宇宙原理としての實在を說くに止つたに反し、新書が六理の分析に進んだのは獨自の發展と見るべく、儒家の哲學思想に在つては注目すべき成果と言つて不可は無い。

新書の作者は存在に關する六理の發見を根據として、總ての社會秩序の解釋に進む。六理は存在及び現象に關する最も基本的理法なるが故に、萬象の外に在るのではなく、常に其の中に周偏

する。

陰陽天地人、盡以二六理一爲二內度一、內度成レ業、故謂二之六法一。六術

と言ふ所以は此に在る。六法が外に向つて作用する形式が卽ち六術であるが、其の結果成立するものを六行と呼ぶ。術は道の作用であるから、道は本にして虛なるに對し

術也者所二從制一物也、動靜之數也。道術

と定義される。陰陽に六月有り、天地に六合有り、人に仁義禮智信樂の六德有り、藝に六經有り、聲に六律六呂有り、家に六族有るが如き、皆六行の種目と爲さるゝを察するならば、六行は六を以て整理せらるゝ凡ての社會的自然的秩序の總稱に外ならない。人間の德目に就いては、孟子に在つて既に仁義禮智の四德が確立せられ、董仲舒に至つて五行思想の支配を受けて之に信を加へて五德の目を樹立したが、新書は六に依る統一の要請に應へ

人有二仁義禮智信之行一、行和則樂興、樂興則六。六術

と言ひ、五德の調和を俟つて出現する美的價値を一德として加へるに至つた。其の性格が五德と範疇を異にするは自明であるに拘らず、必ず之を加へて六に整ふべき觀念的要請が有つたのである。次に新書は六親に就いては

六親始曰レ父、父有二二子一、二子爲二昆弟一。云々 六術

と說き、父、昆弟、從父昆弟、從祖昆弟、從曾祖昆弟、族昆弟の六者を以て六親とする。此に所謂從祖昆弟は爾雅や儀禮に云ふ從父昆弟に當り、從曾祖昆弟は從祖昆弟に相當する。而して新書は此の世代區分が家族制度維持の根本動力と爲る所以に論及し

　親戚非ㇾ六則失ニ本末文度一、是故六爲ㇾ制而止矣、六親有ㇾ次、不ㇾ可ニ相踰一、相踰則宗族擾亂、不ㇾ能ニ相親一。（六術）

と述べる。六親の解釋は河上公老子注、杜預左傳注、應劭漢書注に於いて夫夫差異が有るが、何れも母妻姻亞の何れかを數へるに對し、新書の解釋は女系を一切排除した點に特徵が認められる。實際の家族生活に於いては、遠く族兄弟に對するより、外族と雖も母妻姻亞に對する方が血族意識は濃厚なるに拘らず、故らに同一世代に準據を求めて其の範圍を父族のみに限定したのは、此の書の有する家族理念を強く反映したものと考へる外は無い。つまり父系の昆弟集團を基本勢力として成立する家族組織に理想的價値を發見したからであつて、此は賈誼が天子の同姓子弟を諸侯に分封して家族的紐帶に依つて維持される封建組織を謳歌したのと、根本的には同一理論に支配された思想である。

六親に關聯して新書は更に昭穆三廟を論ずる。

　何爲ニ三廟一、上室爲ㇾ昭、中室爲ㇾ穆、下室爲ニ孫嗣一、令下子各以ニ其次上下一更居上、三廟以別、

親疏有レ制。（六術）

これ昭穆の列に從つて生人の居所に區別を立つべしとする趣旨で、此の廟は寢卽ち居所を言ふ。平素の居所が昭穆に依つて規定せらるべしとするのは、

天子諸侯皆有ニ三寢一、一曰高寢、二曰路寢、三曰小寢、父居ニ高寢一、子居ニ路寢一、孫從ニ王父母一、妻從ニ夫寢一、夫人居ニ小寢一、（莊卅二年公羊注）

と同一觀念に屬することは洵に兪樾の既に指摘するが如くである。昭穆の秩序が家族制度の維持に缺くべからざる權威として認識される以上、此を生人の人倫關係にまで及ぼさんとする欲求は思想としては當然發生すべき筈のものである。（其の實昭穆の別は本來婚姻關係に本づく生人の人倫的規範が死者の序列を支配するに至つたものである。加藤常賢氏に考論有り。）六親三廟の說は、要するに賈誼を中心とする當時の儒家が、正しい家族秩序の樹立を通して新社會建設の理想を抱懷したことを示してゐる。

六行の支配は更に經書に及び、六經も亦其の支配に依つて成立したと解釋される。

先王內本ニ六法一、外體ニ六行一、以興ニ（原本作與、從兪說而改）詩書易春秋禮樂六者之術一以爲ニ大義一、謂ニ之六藝一、令ニ人緣レ之以自脩一、脩成則得ニ六行一。（六術）

經典の數と宇宙原理との一致を求めた斯る解釋は既に他に全く比類を見ざるものであるが、獨り其の數のみならず、六經の內容も亦根本法たる六理の支配から免れることは出來ない。

書者著二德之理於竹帛一而陳レ之、令二人觀一焉、以著二所レ從事一。
詩者志二德之理一而明二其指一、令人緣レ之以自成一。
易者察下人之循二德之理一與上レ弗レ循、而占二其吉凶一。
春秋者守下往事之合二德之理一與上レ不合、而紀二其成敗一、以爲二來事師法一。
禮者體二德理一而爲二之節文一成二人事一。
樂者書詩易春秋五者之道備、則合二於德一矣、合則驩然大樂矣。道德說

斯くて六經は總て德の六理を具體的に人間社會に顯現すべき使命を課せられ、其の内容は此の使命に依つて規定されると言ふのであるが、斯る解釋も亦他に未だ其の例を見ざる獨自の立場を取るものと言はなければならない。更に度量も亦六行の外に獨立するを許されない。

數度之道、以レ六爲レ法、是故一毫以爲二度始一、十毫爲レ髮、十髮爲レ氂、十氂爲レ分、十分爲レ寸、十寸爲レ尺、備二於六一。六術

德の六理六行に始まり、凡ゆる社會的自然的秩序を六を以て整理せんとする思想が賈誼に於いて如何に强かつたかは、以上の諸例を以て明かである。これ六を神祕數とする觀念が先づ存し、然る後整理の範疇を此に求めたのであつて、周禮の如きは同じ立場に居る著しき一例に外ならない。

神祕數の存在は未開社會に於いては普遍的現象である。抽象觀念としての數を有し得ざる未開

人に在つては、數は常に一定事物に卽して具體的に存在し、純粹數の觀念は全く存在しないと言はれる。同時に彼等に在つては純粹に物理學的事實のみの事實、單なる形象に過ぎざる形象といふ觀念は成立せず、知覺されるものは悉く神祕的要素が主位を爲す所の集團表象の中に包攝されるが故に、彼等が日常生活に於いて反覆恆常的に經驗する事物及び現象と密接な關係に在る數は、一種の神祕性が認められるに至るのである。彼等が數として考へ得る十を限度とする低位の數は、斯くて其の數のみに屬する神祕的作用並びに價値を表象するものとして把握される。周末以來、社會秩序や自然現象の原理を三五九等の數に依つて整理する諸種の思想が相次いで出現したのは、其等の數が古代に於いて神祕數として意識せられ、其の觀念が何等かの傳統を何等かの形に於いて當時に迄持續したからである。つまり數に對する信仰的態度が先づ存し、然る後之に相當する內容が考究されたのである。例へば五行說は五に對する神祕的觀念の遺存が周末の知識人の心理に作用し、然る後日常生活に不可缺の物質五箇が其の內容として考へられたといふ過程を經て成立したものであり、木火土金水五者に對する重要性の認識が先づ存し、之に依つて此の五者のみが選擇されたのではない。故に六を整理の範疇とする立場に於いては五行に穀を加へて六府とするが、穀を五行より輕しとする理論的根據は、五行論者と雖も穀及び五行自體の中には決して發見し得ないのである。新書の六理六行も亦六に對する神祕觀念の作用に發すること言ふ迄も無いが、唯此の場合存在に關する基本的理法に其の内容を求めた著想が大なる特徴として看過し得ざる意義を持つ。三統説五行説が日常生活の諸事項を内容とするに反し、六理説が斯る哲學的關心を取つた事實は、思想史的に重要視せらるべき十分の理由が有ると思ふのである。

政治思想

賈誼は有名な治安策で

臣竊惟、事勢可レ爲ニ痛哭一者一、可レ爲ニ流涕一者二、可レ爲ニ長太息一者六、若其它背レ理而傷レ道者、難ニ徧以疏擧一。

と冒頭して政治上の理想を開陳した。其の中「流涕すべきもの一」は外交に關する問題で、匈奴に對する屈辱的平和主義を清算し天子の威徳を以て之を服屬すべきを說いたものである。新書を以て其の内容を窺ふに、彼の政策の基本的性格は一面武力一面懷柔に在るのであるが、懷柔策としては三表・五餌・戰徳・徳勝等獨特の手段を用意する。戰徳は精神的内部崩壞の手段、徳勝は匈奴の經濟的向上を援助し奢侈の惡風を成長し、以て其の固有の質朴剛强の俗を破壞せんとする手段である。考へ方の根本において管子の輕重諸篇に見える思想と或る種の共通點が認められ、大帝國を背景として成立する經濟侵略政策の片鱗を窺ひ得る。賈誼はかゝる計謀に依つて匈奴を服

し得べしと爲し、自ら其の事に任ぜんことを請うたほどであるが、斯くの如き主張の根柢には、

凡天子者天下之首、何者上也、蠻夷者天下之足、何者下也。本傳

に依つて示される中夏思想が支配してゐたことを否定し得ない。彼が强度の中夏思想の抱懷者たりしは、其の政治思想の到る所に顯著に見える中央集權的理念、及び新文化創造の提唱とも一致するものである。

治安策の中「痛哭すべきもの一」と「長太息すべきもの六」とは共に內政に就いて言はれたものであるが、之を貫く中心思想は、根本的には階級制度の確立と禮敎主義との二つに盡きる。先づ彼は諸侯の强大中央の弱小を歎じ、「天下の形勢は正に大瘇を病んでゐる上に更に蹠盭(足の曲る疾)を病んだに等しい」と稱し、之が對策としては諸侯の分割に依る弱體化を論ずる。又當時庶民の奢僭を惡み、庶人の婢妾が古の天子皇后の服を用ゐるの不合理を指摘し、身分觀念の强化を力說する。そして家庭道德が頽廢して

借ニ父耰鉏一、慮レ有ニ德色一、母取ニ箕箒一立、而誶語、抱ニ哺其子一、與レ公併倨、婦姑不ニ相說一則反レ脣而相稽。

の實情に至れるを擧げ、さて斯る反道德的傾向を是正する根本策は畢竟爲政者が禮儀を法刑に先行せしめる態度を明かにし、禮敎觀念を高めるの一途を出でない所以を主張する。

以二禮義一治レ之者積二禮義一、以二刑罰一治レ之者積二刑罰一、刑罰積而民怨背、禮義積而民和親。（中略）道レ之以二德教一者德教治而民氣樂、歐レ之以二法令一者法令極而民風衰。

理想的社會秩序たる禮義德教を、彼は經制と呼ぶ。經制は實質上管子の四維卽ち禮義廉恥と內容を同じくするものであり、之に依つて彼は

君君臣臣、上下有レ差、父子六親各得二其宜一、姦人亡レ所二幾幸一、而群臣衆信レ上、不二疑惑一。

の道德的社會の建設を期待する。つまり個人的にも社會的にも身分的位階が嚴重に維持される所に理想社會の基礎を置き、其の成立に必要な根本法を經制と名けるのであるが、經制を支持推進する責任者は飽くまで知識階級であるとする。故に「禮は庶人に及ばす、刑は君子に至らず」の原則に立脚し、知識階級の道德的意識の向上を計らなければならない。其の爲めには先づ君主が大臣を遇するに道德を以てすべきことが要請されると爲し

君上が廉恥禮義を設けて其臣を遇するに拘らず、群臣が節行を尊んで其の上に報いなければ、それは人間の仲間ではない。

と言ふに至る。禮教意識と階級意識との相卽不離に經制社會の本質を求めるのである。武帝の頃まで、九卿大臣は死罪に當れば自殺して刑罰を受ける辱しめを遠ざけるのが一般の習慣であつたが、此の俗を開いたのは賈誼の奏疏に端を發すること、夙に仲長統の昌言の論ずるが如くである。

其の直接の原因は或ひは絳侯周勃の困辱に刺戟されたからであるとしても、根本的には禮教主義の然らしむる所と言はなければならない。つまり酷吏に代表される法治主義の否定である。

經制論を核心とする賈誼の政治思想は秦の政治理論の否定の上に出現し、遠く先秦の儒家に連續するものである。經制論は此の限りに於いて原理的には先秦の儒家思想の延長と言ひ得るが、賈誼の獨自性は其れが中夏思想との結合に依つて新文化主義と爲つて展開された所に見られる。一體漢初は思想的には秦の法治劃一主義に對する反動感情からする虛無思想が人々に悅ばれ、政治的にも寬緩を旨とする傾向が强かつた。文物制度も甚しきものを除く外秦を漫然踏襲するに止り、文化の全領域に亙つて惰性と混亂とが支配するのみで、主體性を發揚するには至つてゐない。これは一一例證を示す必要さへ無いほど周知の事實と思はれる。然るに文帝景帝の時代になれば國家の武力的經濟的基礎は頗る堅固と爲り、新支配階級たる士人の勢力も漸く安定度を高め來つたのであるから、從來の情勢に對して根本的に反省が加へられ、主體的文化創造の欲求が起つたのは固より異しむに足りない。

夫移ㇾ風易ㇾ俗、使㆓天下回ㇾ心而鄕ㇾ道、類非㆔俗吏之所㆓能爲㆒也、夫立㆓君臣㆒等㆓上下㆒、使㆓綱紀有ㇾ序、六親和睦㆒、此非㆓天之所ㇾ爲、人之所ㇾ設也、人之所ㇾ設、不ㇾ爲不ㇾ立、不ㇾ修則壞、漢興至ㇾ今二十餘年、宜㆘定㆓制度㆒興㆗禮樂㆖、然後諸侯軌道、百姓素樸、獄訟衰息。禮樂記

此の上奏は彼が太中大夫に超遷した年に爲されたのであるが、彼は其の理念に據つて自ら其の儀法を草具し、

色上レ黃、數用レ五、官名悉更。（本傳）

の新政を斷行せんとした。新たに建設せらるべき文化の基本的性格は之に依つて規定される。漢文化の性格に關しては、文帝の末年魯人公孫臣が「始秦得二水德一、及二漢受一レ之、推二終始傳一、則漢當二土德一、土德之應黃龍見、宜下改二正朔服色一、色上上レ黃」として土德說を唱へたのに對し、張蒼が「漢廼水德之時、河決二金隄一其符也、年始二冬十月一、色外レ黑內レ赤、與レ德相應」として之を退けたのを發端とし、以後學界の中心問題を爲すのであるが、賈誼の上奏は之に先つ十數年にして既に之に言及し、文化の基本的性格に關する認識に進んだのであつた。そして上に引ける「色は黃を上び數は五を用ゐる」の言に稽へれば、公孫臣と其の見解を同じくしたことを知る。秦水漢土を說く此の二人の論は言ふ迄も無く五行相勝の理を用ゐ周を火德とする立場を取るが故に、戰國鄒衍の原初的五德配當說を其のまゝ沿襲して居り、漢と堯との關係を確立せんとする思想の發生以前に於ける純粹五德說を傳へてゐる。要するに漢の新文化の創造を主張し其の性格に關する吟味が行はれるに至つたのは、漢が前代と區別せらるべき獨自の存在意義を荷へることの自覺を待つて始めて可能である所以を思ふならば、之を文帝の初年に主張した賈誼の思想は注目されて可

いであらう。

尙ほ賈誼及び張蒼は漢初左傳學を傳へ、誼は左氏傳訓故を作つて趙人貫公に授けたと言はれるに拘らず、兩人並びに左傳家の漢火德說を取らざるのみならず、相互に異つた見解を持するのは甚だ諒解し難き現象である。此は左傳家の火德說が、劉氏を堯の後とする政治的要請の發生と密接な關係の中に成立したことを立證する一つの根據を提出すると同時に、漢初の左傳學が通行の經學史の述ぶるが如き系譜を有せざりしを語つてゐる。

思ふに漢代初期に於ける經濟的武力的基盤の充實は士人階級の社會的地位を安固にし、對內的には諸政一新文化創造の意欲を刺戟する結果を生じた。彼等は自己の支配權の掌握農民への倚存關係の維持の爲めに、身分的階級制度、禮敎社會の成立を有利と考へた。其れは必然的に天子を中心とする中央の權威の强化を希求せしめ、反射的に諸侯の弱體化を謀らしめた。中央集權の高度化、王朝國家完成への要求は、同時に對外的には中夏意識の昂揚と爲つて展開される。中夏思想に裏附けされた對外政策は此に其の精神的根據を有する。賈誼の政治思想はかゝる基盤に立つものである。

經濟思想

賈誼の經濟思想は相互に關聯する貨幣政策及び銅政策を中心として成立する。貨幣政策に關する根本思想は、文帝五年高祖以來の盜鑄錢令の解除と共に具體化した。彼は私鑄許可の新經濟政策の出現に當つて其の矛盾を衝く上奏を試み、其の中で私鑄公許の三大害を述べてゐる。今前漢食貨志に據つて其の大要を譯出すれば、三害の第一は銅錢私鑄の許可は鉛鐵を混ぜざることを條件として爲されたのであるが、微量の混入さへも巨利を博する實情に在る以上、たゞ嚴罰規定のみに依つて之を防止せんとするのは人民を網する結果を見るに過ぎず、善政に非ずとする。故に曰く、

夫事有㆑召㆑禍而法有㆑起㆑姦、今細民人操㆓造幣之勢㆒、各隱屏而鑄作、因欲㆑禁㆓其厚利微姦㆒、雖㆓黥罪日報㆒、其勢不㆑止。

其の二は私鑄に依る各種の輕錢重錢が混合通用する時は、國家の法幣はその權威を喪失する。若し國家權力を以て之を統一せんとすれば煩苛にして能はず、其の自由行使に任ずれば取引市場に於ける貨幣秩序は紊亂を極める。其の三は私鑄許可の爲めに農事を抛ち山に入つて採銅に從事する者多きがために、粗惡錢の氾濫に加へて農業生產の減退に本づく國家經濟の破滅を來す。賈誼は此の三つの理由を以て私鑄公許を不可とするのであるが、然らば强權を以て一切之を禁ずべきやと言ふに、彼は

禁レ之不レ得二其術一、其傷必大、令禁二鑄錢一則錢必重、重則其利深、盜鑄如レ雲而起、棄市之罪又不レ足二以禁一矣。食貨志

と論じて之に反對する。是に於いて彼の觀察が貨幣と不可分關係に在る銅其のもの丶政策に重點を置いた所以を明かに知るのである。貨幣私鑄の公認も禁止も共に民利を齎さざる所以が銅政策の不備に在ることに着目した彼は、政府が全國の銅を其の完全なる統制下に置くべしとする根本政策を提出し、之に依れば七福を致すべしと言ふ。

何謂二七福一、上收レ銅勿レ令レ布、則民不レ鑄レ錢、黥罪不積、一矣、僞錢不レ蕃、民不二相疑一、二矣、采レ銅鑄作者反二於耕田一、三矣、銅畢歸二於上一、上挾二銅積一以御二輕重一、錢輕則以レ術斂レ之、重則以レ術散レ之、貨物必平、四矣、以作二兵器一以假二貴臣一、多少有二制用一以別二貴賤一、五矣、以臨二萬貨一以調二盈虛一、以收二奇美一、則官富貴而末民困、六矣、制二吾棄財一以與二匈奴一、逐二爭其民一、則敵必懷、七矣。食貨志

七福の根本思想は之を四類に綜合し得る。第一は一二に示される所で純粹なる貨幣政策、第二は四六等に示される所で政府の經濟的實力の蓄積、第三は五七に示される所で經濟力を背景とする對內對外的政治的效果、第四は三に示される重農的效果である。法錢以外の私錢を始め種々の貨物が貨幣として流通し以て政府の貨幣政策の不備を補つたことは、經濟活動の圓滑に寄與し、支

那貨幣史上顯著に見られ近世に至る迄跡を絕たざる現象であつた。支那の如き經濟機構の下に在つては、私鑄錢が必ずしも排斥せらるべき性質のものに非ざるは、此の事實の示すが如くなるに拘らず、賈誼が銅の統制を斷行してまで之を禁遏せんとするのは、農民の商人よりの守護、及び漢室を中心とする國家的統一、所謂大一統の思想に支配されたからである。勿論不用意に行はれた私鑄公許に伴ふ箇々の社會的害毒も重要理由の一つには相違無いが、より大なる精神的理由の存在も否定し得ない。吳王鄧氏の錢が天下に布き、其の經濟力を以て七國の亂を起し得る形勢に在つたことは、經濟力を中央に統一するの急務たるを感ぜしめざる筈が無い。つまり一統を大《たふと》ぶの思想は經濟的側面からも絕對の要請に外ならなかつたのである。

賈誼は更に農本主義を力說する。當時百姓皆本に背きて末に趨り淫侈の俗日に長ずるを見て

漢之爲レ漢幾四十年矣、公私之積猶可二哀痛一、中略有二勇力一者聚徒而衡擊、罷夫羸老易レ子而齩二其骨一、中略今毆レ民而歸二之農一皆著二於本一、使下天下各食二其力一、末技游食之民轉而緣中南畝上、則蓄積足而人樂二其所一矣、可下以爲二富二安天下一而直爲中此廩々上也。食貨志

と論じ、重農抑商策の徹底に依つて經濟的發展を期待する。文帝が籍田を開いて躬耕し以て農民を勸めたのは、此の言に感じた故であるが、之も士人階級が原則上土地から遊離し生活の根據を農民に置かざるを得ざりし當時の實際と獨立に理解するを許さゞる思想である。そして農本主義

的立場からすれば、農民が採銅に依る巨利を追ふのは最も排斥すべき現象たると同時に、商工業者は農民を侵奪し士人の經濟的基礎を脅す存在として把握されるのは當然の歸結である。周末以來急速に發達しつゝあつた商業資本の攻勢から封建的社會關係を守るのは、「民を毆つて之を歸農させる」の如き政治手段の能くする所では到底なかつた。之と並行して經濟手段を採用せざれば效果は無い。銅の國家統制案は此の爲めに用意されたものである。政府は銅の獨占に依つて貨幣に對する支配權を完全掌握するに止らず、其の操作を通じて物價を調整し、又蓄積された銅を資金として民間商人の利益を剝奪し得るのであるから、實態的には政府自身一大商人と爲つて全經濟界を其の經濟力に依つて操縱することに外ならない。これ後年武帝が大規模に採用した經濟政策と本質上全く異らざるもので、商工業者の侵出に對抗する士人政府の防備と言つて不可は無い。必ず斯くの如くならずんば、農民は疲病し士人支配の態勢は成就しなかつたからである。そして武帝以後に於いては斯る經濟策を助くるに精神的理論を以てする要求が生じ、其の使命を經學が果すことに爲るのである。

賈誼の思想は其の全領域を通じて、基本的には先秦儒家を修正するに至らないが、士人支配の態勢略ぼ確立する時期に相當した爲め、自ら此の社會的制約の外に獨立するを得なかつた。然し學問思想に對する政治力の支配が猶ほ決定的な關係を成立せざりしが故に、學問を以て士人支配の正當性を立證すべき哲學と考へる意識は未だ殆ど現はれてゐない。嚴密な意味に於ける經學は猶ほ成立してゐないのである。經學を單に經書の解釋學と定義するに止めるならば何れの世にも其の存在は肯定されよう。然し經學を支那の社會機構と不可分關係に於いて捉へ、其の社會的機能に重點を置いて考へるならば、之を滿足する經學は支那史上必ずしも常には存在しなかつたのである。所謂上部構造が基本的下部構造に對して及ぼす反作用の效果を無視する一方的解釋には與し得ないが、學問や思想を其の發生地盤たる社會其のものと切斷して考へる抽象的立場は無意味である。經學を其の社會性に着目しつゝ把握する時、賈誼は若干の類似共通の思想を有するに拘らず、之を經學時代に置くことは妥當を缺く。たゞ彼に於いて經學時代への準備が着々爲されてゐたことは之を否定するものではない。

第二部　經學の本質

前　言

周末封建組織の崩壞期に當り驚くべき速度を以て驚くべき内容を充實した支那思想は、統一國家の成立と共に其の發展を停止し、代つて經學が出現する。そして經學は爾後二千年に亙つて知識階級の生活を支配し文化を指導し來つたが、淸末專制君主制の終焉と時を同じうして其の社會的意義を喪失する。これは甚だ概見的把握に過ぎないが、此の轉變は相當に明瞭な形を取つて行はれてゐるが故に、經學時代非經學時代なる時代區分を設けることが不可能でないのみならず、少くとも思想史の研究に關する限り合理的な基本的區分法でさへあると謂へる。此の兩時代は社會の根本組織は勿論、經濟政治文化の各分野に就いてそれぞれ其の時代に對應する特色が存するが、最も顯著な特色の一つとして士人階級の存否を擧げなければならない。前後の非經學時代に存せざる此の特別の階級が、全經學時代を通じて、支那社會に對する支配權を掌握し來つたことに着目するならば、其の經學との不可分關係は略ぼ想見されると思ふ。此の兩者の共榮關係を堅く捉へつゝ經學を見るに非ずんば核心を逸する恐れが有り、經學の核心を解明するに非ずんば二千年の學問思想は一知半解の域を脱し得ない。故に私が此に於いて些か企圖した所は經學史的研究ではなく、經學史的事實に基礎を置いて經學其のもの丶基本的性格を衝かんとするに在る。經學史に關する研究は内外其の數に乏しからず、事實の究明は殆ど盡されたと謂つてよい。然し經學史に卽しつゝ經學の本質的究明を行ひ、其の社會的意義を把握せんとするに至つては、寡聞の致す所、未だ必ずしも滿足すべき考論の存するを知らない。經學史的事實に飽くまで立脚しながら、一面其の末節をのみ追求する煩瑣主義的歷史學から解放され、個別的現象の基底に存する普遍者へ眼を轉じようではないか。支那學の今日の發達は正に之を要求してゐると思ふ。此の一篇の陋著が其の方面に何かを齎し得れば幸ひである。從つて本篇においては經學史的基礎事實はすべて既知のことゝして取り扱ひ、特に必要無き限り其の論證には立ち入らないことにする。

本　論

一　經の成立及び其の意義

經學の定義を極めて簡單に下すならば、儒家が經と呼ぶ所の一定範圍の古聖典に對して爲す所の創造的解釋學なりと謂ふことが出來る。然し其の意味をより明かにする爲めには、此の命題の主要辭たる「經」「創造的解釋」等の內容を更に闡明しなければならない。而して之が闡明こそ支那社會に於ける經學の意義を理解する上に必須の前提と爲るのである。凡そ何れの時と所とを問はず、支配階級が自己の支配的地位の永續を希求する以上、之を可能ならしむる社會的條件の恆久不變を欲し、其の爲めに種々の政治的手段を考慮するのは極めて自然の現象である。經學が支那社會に對して特殊の意義を有する所以は、其れが過去二千餘年の間支那の支配階級の此の要請に應へて、其の固定化せる社會を維持する爲めの一つの有力な精神的支柱と爲つた點に在る。故に支那社會や支那文化を論ずる上に於いては經學の作用を無視する能はず、同時に經學の意義を明かにすれば、少くとも舊支那社會及びその文化の本質を把握し得ると稱するも過言でない。

要するに、經學は支那社會究明上の一根本問題たるを失はないのである。

經學の意味を廣く經に關する學問と解するならば、經の概念成立の後は勿論、經の概念未だ成立せずと雖も、經的權威を一般に承認された或る種の古典に關する學問の存在する所、たゞちに經學の存在を肯定し得るであらう。然し斯る廣義の經學は之を社會的に觀察する時重要な意義を有せざるを以て、今は考慮の外に置く。

經學は經の解釋學であると定義したが、抑も所謂經とは何を意味し、又如何なる過程を經て成立したものであるか。先づ之を說かなければならない。勿論後世に於いては經は人の認めて以て根本聖典と爲す所、卽ち

三極彝訓、其書曰レ經、經也者恆久之道、不刊之鴻敎也。文心雕龍

聖人制作曰レ經、賢者著述曰レ傳。博物志

に見らるゝが如きものと解せられる。又之を典型的な漢儒の定義に求むるならば

臣聞二之於師一、曰天地設レ位、懸二日月一、布二星辰一、分二陰陽一、定二四時一、列二五行一、以視《しめす》二聖人一、名レ之曰レ道、聖人見レ道、然後知二王治之象一、故畫二州土一、建二群臣一、立二律曆一、陳二成敗一、以視二賢者一、名レ之曰レ經、賢者見レ經、然後知二人道之務一、則詩書易春秋禮樂是也。漢書翼奉傳

の如きが有る。つまり內容上萬古不易の眞理を論ずるは勿論、手續き上聖人の作たるを要する點

に於いて傳以下の諸書と判然と別視せられる。のみならず漢代經學者の解釋に於いては、萬古不易の眞理性は宇宙の最高支配者の意志を其の中に具體化せる點に求められるに至つてゐる（匡衡にも略ぼ同じ見解有り）。道家釋家に於いて經を以て呼ばれる一群の書も概ね此の概念規定に合致するものであるが、此は經の最も集約せる意義であつて、必ずしも當初より斯る嚴密な規定を有する概念として發生したとは思はれない。

先づ殷墟文字には經字は勿論、其の前身と考ふべき巠字さへ今日まで現れてゐない。金器銘に至つて始めて此の兩種の字の出現を見るのであるが、其の用法は

敬二雝德巠一。　大盂鼎

巠二雝明德一。　晉姜鼎

肇二菫德經一。　齊陳曼簠

經二緌四方一。　虢季子盤

等の例を以て知り得るが如く、「治」又は之に近い意味に使用せらるゝのみで、所謂經書の意を寓せられた例は無いのである。次に先秦の古書を檢するに、論語孟子に於いて後世經書と爲され當時も既に權威有る古典として一般に承認せられてゐた所の詩及び書を引用するに當つてさへ、名くるに經を以てした例を發見することは出來ない。又古記錄を呼んで「傳」と稱した例は孟子

に存するが、經字は總て金文の場合と類似の意味に用ゐらるゝのみである。墨子に於いても後世の經書は「夏書」「周書」等と稱呼されてゐる。先王の典籍は所謂經の概念に合致する筈であるに拘らず、彼は特に題して「先王之書」と曰ふに過ぎない。尤も墨子の書には現在「經」「經説」上下兩篇を存するが、内容上之を墨翟の書と爲し得ざるは今日學界の定論と爲つてゐる。詩に於いては

經二營四方一。 北山

經二始靈臺一。 靈臺

の如く用ゐられ、書に於いても

經レ德秉レ哲。 酒誥

弗レ克二經歷一。 君奭

厥既得レ卜則經營。 召誥

の如き用法を發見するのみである。左傳に在つても「治」の義に用ゐられた場合が壓倒的に多いことは變り無いのであるが、例へば

禮之經。 襄廿一年

先王之經。 昭廿六年

言以考レ典、典以志レ經。昭十五年

の如く、不變性權威性の所在を明瞭に示す概念に近い用法が漸增の傾向に在る事實は、注目しなければならない。國語の吳語に

挾レ經提レ鼓。

の文が見え、韋昭は

經兵書也。

と注する。

若し此の解にして當を得てゐるならば、經を一定の典籍とする最古の用例を此に發見し得るのであるが、前後の關係上此の解を是認することは出來ない。其の理由は左の兪樾の論が既に善く之を悉してゐる。

世無下臨レ陳而讀二兵書一者上、經當二讀爲一レ莖、謂二劍莖一也、考工記桃氏曰、以二其臘廣一爲二之莖圍一、注曰、鄭司農云莖謂二劍夾一、人所レ握鐔以上也、玄謂莖在二夾中一者、莖長五寸、此云二挾莖一、正謂レ此矣、作レ經者叚字耳、韋不レ通二叚借之旨一、望レ文生レ訓、失レ之。群經平議

吳大澂も言ふ如く元來經の古字は巠であり、說文は巠を

水脈也、从三川在二一下一、一地也。

と解釋する。然し金屬器面に遺る字形より判斷すれば、巠は織機の縱絲に象つた文字と見なければならないと思ふ。織機の縱絲は言ふ迄も無く直線を爲して居り且つ布を製治する所以のものである。是に於いて其の形態よりは直の概念が造成せられ、其の機能よりは治の概念が發生する。禮記月令に「審二端經術一」の文が有る。經術は徑遂の音通假借に外ならず、而して徑は步道を言ふ。步道は原則上直線を爲すべきものである。今之を示すに經を以てし得るのは經が直義を有するの證左に外ならない。劍の鐔以上人の握る所は眞直であり、之を示すに經字を用ゐるのも亦經が直義を有するからである。故に禮器の「經禮三百、曲禮三千」の文に於いては、經は明かに曲と對置せらるゝに至つてゐる。經に直義の存することは、巠に从ふ數多の文字卽ち「莖」「脛」「頸」「鋞」等が凡て直の觀念と結合した意味を示す事實を以て立證せられ、又吳夌雲の如きも既に注意した所であるが、直の概念は實は貫通の概念と共存し若しくは容易に之に轉換する可能性を有するものである。織機の縱絲にせよ步道にせよ何れも本來直線を爲しつゝ同時に貫通するものに外ならない。然るに凡そ貫通の概念は旋て恆常不變の觀念に發展し、直の觀念は其の內容の有價値性を豫想することに想到するならば、經が古今に貫通して維持せらるゝ價値を有すべき典籍の名に發展するのは何等の飛躍に非ず、極めて自然の展開に過ぎないことが理解される。此の段階を經て晩周荀卿の書に至ると

始乎誦經。　勸學

道經曰、人心之危、道心之微。　解蔽

の語が見え、經は明かに或る一定の典籍を有すものと爲つてゐる。勸學篇には誦經の下文に於いて禮・樂・詩・書・春秋の重要性が說かれてゐるのを見ると、誦經の經は自ら此の五者に限られてゐると謂はなければならない。此に至つて經の內容は甚だ明確に意識せられて來たのである。道經なる語は經の內容的標準が道たるべきを規定せんと欲する意志の表現に外ならず、經の內容規定成立の徑路を善く暗示するものと謂へるゝ。此と並行して吾々は墨子に「經說」篇に對して「經」篇の存在する事實、及び管子が經言・內言・外言の諸群に分類され、而して「解」を隨伴する諸篇のみが總じて經言と呼ばれる事實を想起する必要が有る。「說」と言ひ「解」と言ひ、皆解明すべき基本的權威を有する諸篇に對して用意された呼稱であり、そして解明せらるべき諸篇は「經」を以て名けられる。つまり墨子及び管子を奉ずる學者に於いて、それぞれ恆久的價値有りとせらるゝ述作は之を經と稱したのである。墨子管子の書に斯る體裁の整つたのは荀子と相去る遠からざる時代と想像されるから、現存資料に據る限り、經が權威有る典籍の名として經ならざる群書の外に獨立したのは、周秦の間と見て大過無きに近いであらう。そして經は必ずしも儒家に始るものではなく、各學派を通じてそれぞれ獨自の經が發生したと考へてよい。蓋し經と非經との甄別意欲が發生するには、著作が或る量に達して知識が世に普及することを先づ必要とする。著作の堆積は知識人をして自ら著作に對する整理運動を起さしめる。古詩三千の中三百五篇が保存せられ、三千二百四十篇の古書の中三千三百二十篇が滅亡したとする傳說尙書緯などは、或る時代に於ける自らなる整理作用の進行を物語つて居り、八索・九丘・百國春秋・百二十國寶書が左傳や國語の材料として其の精華が取られたことも略ぼ同じ原理に支配されたものである。固より一人の力能く爲す所に非ずとしても、其の條件が熟するに至れば斯る文化作用は必ず社會的規模において發動されるのである。學者の活動極めて自由旺盛なりし周末は正に此の條件を滿足する。此の時代に人々が古典として特に崇敬を致すに足る一群の書を顧念する感情を起すに至つたのは、大いに理由有ることである。畢竟經の成立は社會に於ける古典意識の發生を必須條件とするのであり、上述せる經の諸多の屬性も亦之に從つて自ら決定せられたものに外ならない。尤も詩書を以て自說の依據と爲す態度は旣に論語等にも見られるから、若干の古書が學界から經的權威をそれとなく承認されたのは、必ずしも周末を俟たないであらう。然し或る一定範圍の書に經なる特別の名を與ふると否とでは、古典意識發達の上に若干の差等を認めなければなるまいと思ふ。而して學派の分立が明瞭な時期には、各學派の中で獨自の整理が行はれ獨自の經が誕生するが、其の然らざる時期に在つては全體的な寧ろ民族的立場に於ける運動として生起する。詩・

書の如く夙に一般的尊敬の對象と爲れるものは後者の例と謂ふべく、儒家の六經の如きは前者の適例と考へられる。

經一般の發生過程は略ぼ以上の如くであるとして、次に儒家に在つて經は如何なる狀態に於いて存し如何に理解されたであらうか。莊子天運篇に六經の名が見え、其の內容は詩・書・禮・樂・易・春秋とせられてゐるが、之を以て莊周時代既存の事實とは目し難いから（莊子の本文批評は世既に定論有るを以て省略に從ふ）、經の內容を正確に規定したものとしては荀子の文を最古とする。曰く

其數則始ニ乎誦經一、終ニ乎讀禮一、其義則始ニ乎爲レ士、終ニ乎爲ニ聖人一、（中略）故書者政事之紀也、詩者中聲之所レ止也、禮者法之大分、類之綱紀也、故學至ニ乎禮一而止矣、夫是之謂ニ道德之極一、禮之敬文也、樂之中和也、詩書之博也、春秋之微也、在ニ天地之間一者畢矣。（勸學）

卽ち儒家に於いて最初に最高の古典として價値附けられたのは禮・樂・詩・書・春秋の五者であり、後莊子天運篇の成立せる漢初に及んで、易を加へて六經の目が始めて完成したのである。

荀子大略篇に「六藝之博則天府已」の文が有るが、大略篇は一般に言はるゝ如く荀卿後學の雜錄であるから、荀卿當時六經存立の證據とは爲し得ない。（原文は六藝を六貳に作る。盧文弨兪樾の校に從つて正す。）

五經に始る經の內容は九經十二經十三經と時に隨つて遞增の一途を辿つたが、儒家の立場から見た經の本質的價値に至つて固より變化する筈もない。司馬遷は史記の自序に於いて六經の特質

を論じ、

易著二天地陰陽四時五行一、故長二於變一、禮經二紀人倫一、故長二於行一、書記二先王之事一、故長二於政一、詩記二山川谿谷禽獸草木牝牡雌雄一、故長二於風一、樂樂三所二以立一、故長二於和一、春秋辯二是非一、故長二於治レ人。

と述べ、禮記經解にも

其爲レ人也溫柔敦厚、詩敎也、疏通致遠、書敎也、廣博易良、樂敎也、絜靜精微、易敎也、恭儉莊敬、禮敎也、屬辭比事、春秋敎也。

の文が見える。賈誼の新書に至つては德の六理から六經の性質を解明する。

書者著二德之理於竹帛一而陳レ之、令二人觀一焉、以箸レ所二從事一、故曰書者此之箸者也、詩者志二德之理一、而明二其指一、令二人緣レ之以自成一也、故曰詩者此之志者也、易者察下人之循二德之理一與上弗レ循、而占二其吉凶一、政曰易者此之占者也、春秋者守下往事之合二德之理一與上不レ合、而紀二其成敗一、以爲二來事師法一、故曰春秋者此之紀者也、禮者體二德理一、而爲二之節文一成二人事一、故曰禮者此之體者也、樂者書詩易春秋禮五者之道備、則合二於德一矣、合則驩然大樂矣、故曰樂者此之樂者也。道德說

固より稍々偏した解釋たるを免れないが、一つの特色有る形而上的立場を表明するものである。

以上の諸文を合せ考察するに、經には小は個人の修養處世の要諦から大は國政の燮理自然現象の統御に至るまで、所謂修身齊家治國平天下といふ人間の社會に關係する總ての根本的準則は勿論、自然哲學や一部の形而上學に至るまで、悉く論䟽せらるべきものと解釋されてゐることが判る。然ればこそ經として待遇せらるべき理由が存し、又各時代思潮に於いて斯く認定せらるゝ所の書が漸次經の資格を與へらるるが故に、經目の增加を來したのである。經學的世界に在つて經義の解明が學問の全部とせられ、又少くとも公的生活に關する限り經の倫理が社會規範の淵源とされる所以は此に在る。同時に諸經の著作者は孔子及び之に亞ぐ聖賢と爲されてゐるから、其の內容に對して自由な批判的立場を取るが如きは原則上許さるべくもない。明末李贄・孫鑛・鍾惺等は經書に評隲を加へ丹黃を施した故を以て後世儒家の徒から經傳侮蔑の罪を問はれたのは、經の不可侵性を最もよく反映せる事實である。經文の評隲でさへ然りとすれば、內容を對象とする自由批判の許さる可からざるは言はずして明かである。此の點より考へて經學は其の根本に於いて大きく一つの拘束を受けてゐる。經に存せざる原理は其の何たるを問はず容認すべからざるものであり、若しかゝるものを原理として妥當せしめんとすれば、其の書を經に列するか、或ひは他の經に既存する原理より演繹導出しなければならない。經以外の書若しくは經の支配の及び得ざる書に、社會生活の基本的原理が經と獨立に存在を主張されるのは、經學に取つては許容し得ざることなのである。此の意味に於いて經を對象とする學問には、固定的封鎖的性格が發達すべき素因が本來備つてゐると言へる。經學の世界にも勿論論爭は有り論理の展開は行はれる。然し其の論爭たるや絕對自由の立場の上に展開せらるゝに非ずして、彼の根本的拘束の支配を受けつゝ、經の公認する法則と範圍との中に於いて爲さるゝに過ぎない。譬へば棋を鬪はすが如く、棋子の移動は一應自由なりと雖も、所詮棋局上に於いて所定の法則に準據して行はるゝのみである。勿論經學史上に在つても相當重大な變化は見られる。特に外來思想との接觸に依つて顯著な變化を餘儀なくせしめられた事實は否定すべくもないのであるが、此の場合と雖も思想の主體性は動搖すること莫く、外來思想は大體經學體系に吸收せられ、結果的には却つて經學に對する輸血的役割を果すに終つてゐる。經學の性格に就いては後に改めて觸れる機會が有るが、根本的には經の有する不可侵性と深く關聯してゐるのである。

經が五から十三に擴大されたことは、各時代に於いて、認めて以て經と爲す所の標準が異るからに外ならない。選擇の標準が旣に異る以上、選擇せられたるものゝ內容も亦勿論異つてくる。五經の成立より十三經の出現までは千餘年を數へ得るのであるから、諸經の思想的內容に相當の距離の存するのは寧ろ當然と謂はなければならない。然し倶に經として並立するからには其の總てを支障無く成立せしむる要請は正に絕對的である。此の不可能を可能ならしむる道は唯一つ經の原義と無關係な自由解釋の樹立有るのみである。又經は過去二千年の久しきに渉つて支那社會の精神的源泉であつた。各時代思潮の轉變に應じて、一經或ひは一句の解釋と雖も其の時代に滿足を與ふべく要求されるのであるから、此にも經の原義を超越して主觀的解釋を下さゞるべからざる理由が有る。先に創造的解釋と稱したのは總て此の意味である。經の解釋學と定義される經學は經を中心として有機的に組織せられ、常に經を望んで之に復歸せんとする傾向を本來的に備へてゐることは否定し得ない。此の面にのみ着眼すれば、經學には如何なる意味においても創造性を認めることは困難の如く思はれるかも知れない。然し後にも述べる通り、社會生活の根本原理を悉く經書より導き出すべき使命を負はされた經學は、經書の作者が其の當時意識した唯一つの原義を固執することは到底許される筈が無かつた。此の廣汎にして無限な使命を果す爲めには、單なる唯一原義へ復歸する代りに常に經の意義を經學自身が創造し續けなければならなかつた。經書の權威を藉りて主張する點では形式上復歸的と言へるかも知れないが、實質上は先づ經の新義を自ら創造しておいて、然る後見かけ上之に復歸する形を取るに過ぎない。論語の

孝弟也者其爲㆓仁之本㆒與。

は漢代においても宋代においても眞理として尊敬せられ、生活の規範と爲されたのであるが、漢と宋とでは其の解釋に少からぬ差異が有る。宋儒は自己の哲學的立場から見て原義を得たと信ぜ

られる新義を先づ創造し、其の上において始めて之を生活の原理として承認したのである。同様の例は經學史や解釋學史を繙けば殆ど無數に發見される。自己の主張を自己の主張として獨立に提出すること無く、新義創造の形において一旦之を經書に入れ、其の權威を藉りる所に經學の特色が見られるのである。經學を創造的解釋學とする所以は此は在り、純粹なる復歸が歷史的なのと同一視すべき性質のものではない。創造を實とする名目的復歸は非歷史的であり、作者の唯一原義は寧ろ超越されてゐると言つてよい。經學は能く此の不斷の自新作用を反覆したるが故に、經本來の固定的封鎖的性質にも拘らず、社會及び思想の一般的展開に隨つて其の精神的支柱としての使命を果し得たのである。

二　經學の成立及び支那社會との關係

經學が經を離れて存し得ざる以上、其の成立は儒家に於いて經が確立し其れが絕對視せらるゝに至ることを必須條件とするが、此のみでは充分な條件が具つたとは謂ひ得ない。經學成立の爲めには此の外に更に絕對不可缺の一條件が有る。其れは經學の發生を醞釀する社會的事實、具體的に言へば經學を歡迎若しくは必要とする社會的階級の發生である。而して此の社會階級こそ普通士人階級（士大夫、讀書人）と呼ばれるものに外ならない。此の階級は周末封建制度の崩壞と並行して發生しつゝあつたが、漢の高祖の成功が彼等新興階級に依る舊貴族群の打倒といふ形に於いて實現した爲めに、漢初以來其の勢力は確固不拔のものと爲つた。一體周代の封建制度は武力と血族意識を以て支持された中央集權的性質のものである。然し中央武力の弱化に比例する地方諸侯の强化、大宗たる周室に對する血族意識の冷却は、急速度に進行する經濟的情勢の變化と相俟つて、東周時代を特色附ける統一的封建制度分解の歷史と爲つて現れ、身分的傳統の崩壞を齎した。此の無秩序的情勢に對抗して多少なりとも舊態を保存せむとする反動的現象も勿論發生してゐる。例へば覇者の如きは正にそれで、彼等は所謂文襄の制と稱せらるゝ新たな秩序を樹立し新たな封建制度を整へて混亂を防遏せむとしたのであるが、長く其の妥當性を維持する能はず、遂には身分的傳統の支配を根本的に否定し個人の主體的な價値に秩序の淵源を求める新社會の發生にまで進んだのである（第一部前論を參照）。周末より秦を經て漢に至る間は、舊い階級制度から解放された人々の離合聚散に依る新階級制度の成立が熟しつゝあつた時期であり、所謂士人階級は斯くして樹立された新支配者の一群に外ならない。故に彼等は身分的には或ひは貴族の末流、或ひは商賈賤民下級の軍人等、極めて雜駁であるに拘らず、要するに傳統の威力を背景とすること莫く、個人の實力を以て其の地位を獲得したといふ一點、及び新しい社會情勢下に於ける支配者として一致した利害を有するといふ一點に於いては、完全に一致してゐる。漢初の官吏は實に斯る分子を以て構成されてゐたのであるが、本來被支配者たりし彼等も一旦志を得て身を官位に置けば直ちに支配階級としての利益を享受し、經濟的にも精神的にも被支配者と對立意識を抱くに至るのは蓋し避け得ざる所であらう。然し如何なる階級と雖も、既に其の支配的地位が安固と爲れば自己の支配の正當性を裏附ける理論を要求するものである。漢初の士人階級が此の欲求を起した時、善く之に應へたのが卽ち儒家に外ならない。當時の儒家思想は原始儒家思想其のまゝではなく、荀子を始め本來最も對蹠的立場に在る法家思想さへ、或る場合には之を融會して其の體系を擴大する一方、支配階級に歡迎せらるゝに足る主張をも周到に準備することを忘れなかつた。つまり思想統一の標準的原理たる爲めには、時の政治的權威を神聖なものとして說明し、權力の掌握者を全面的に肯定する理論を用意する必要が有つた。當時の支配階級は等しく士大夫と稱せられてはゐたが、身分的經濟的基礎に於いて封建時代の士大夫とは全く性質を異にすること上述の如くである。斯る勢力の出現は、周の封建文化を全面的に謳歌し其の復活を希求した原始儒家の夢想だもせざりし所であるが、漢初の儒家は、此の既成事實に對する無條件承認を前提として自己の學說を構成するに吝かでなかつたのである。根本的に言つて、儒家思想が彼等に滿足を與へ得たのは、一つには或る者は心を勞し或る者は力を勞する。心を勞する者は人を治め、力を勞する者は人に治められる。人に治められる者は人を養ひ、人を治める者は人に養はれる。これは天下の通義である。

と言ふ孟子の語に依つて最も分明に代表される社會的分業論が、儒家を一貫する根本主張を爲してゐたからである。心を勞する者卽ち精神勞働者は支配階級として人を治める代りに、力を勞する者卽ち肉體勞働者たる農民から衣食を供給されてよい。つまり儒家の立場に在つては、支配階級は其の支配の當然の代償として生産に關與することなく、坐して被支配階級に倚存するのが正しいとされるのである。此の思想は孔子に於いても既に存在を認め得るが、孟子に至つて農家の如き反對派と對立狀態に置かれた關係も影響して、上引の如き顯明な主張と爲るに至つたものである。所が此の思想こそは、漢初の支配階級の經濟的現實を偶然にも其のまゝ肯定するに外ならない。蓋し彼等は傳統的封建的權威とは獨立に、庶民の租税に依つて衣食してゐたからである。又儒家は封建制度支持の故に、其の經濟的基礎を爲す農民の生活保護を强調する點に於いて一貫してゐるが、漢初の士人階級は自己の經濟的安全性確保の爲めには、農民の過度の疲病を防止する必要を知つてゐた。此の點に於いても儒家の說は彼等の利益を保證する效果を持つ。第三に、政治的にも當時の春秋家の如きは「一統を大ぶ」の思想を有してゐるが、此は漸く强大と爲りつつつあった所の獨裁的君主權を正當化せんと欲する態度に外ならず、從つて君主を頂點とする士人階級への政權の歸屬を間接に是認し援助する結果と爲り、彼等に取つては極めて歡迎すべき思想たるを失はないのである。儒家思想が彼等に喜ばれ彼等に依つて唯一の國家公認の敎へとされたのは、實に斯る理由に基いてゐる。そして儒家の主張は畢竟總て經に淵源するものとして說かれるのであるから、經を中心として成立し經を研究の對象とする學問は必然的に絕對の價値を與へられる。經學成立上不可缺の條件は是に於いてか具備したと謂はなければならない。故に端的には董仲舒の建言たる

六藝の科孔子の術に在らざるものは、すべて其の道を絕ち並進せしめること勿れ。

の主旨を武帝が實行し得る社會的條件が完熟する一方、儒家自身の發達が其の敎說の根本的典籍への古典的意識を促して、旣に經の確立を見てゐたといふことが、經學を成立せしめたと謂つてよい。兩者其の一を缺くも經學の成立は期待し得ないのである。斯くて此の時以來經學は士人階級に對して直接貢獻する所の唯一の學問と爲り、士人は經學を獲て自己の支配體制を强固にすると同時に、經學者は經義を說くことに依つて學界に於ける王座を保障せられ、國家の殊遇を享有することが出來た。此の兩者交利の關係は、爾後二千餘年を經て淸末科擧制度の廢止せらるゝ迄、原則上繼續したのである。而して此の利益交換の必然的隨伴現象として、學問の政治への從屬と

いふ事實が齎された點は、特に注意しなければならない。經學の社會的意義は基本的に此の關係に依つて制約を被つてゐるからである。

經名は孔子より始り經學は孔門より傳はるといふのが一般經學者の通念と爲つてゐるが、其の事實に非ざるは上述する所を以て略ぼ明かになつたと思ふ。假りに經の名が孔子に始るの說を承認するとしても、原始儒家は支配階級の利益の爲めに經義を說くに非ず、又利益を被るべき士人階級の確立無き時に如何にして所謂經學の存在を肯定し得ようか。少くとも玆に問題としつゝある社會的意義を有する經學は無かつたのである。經、經の權威、士人階級、此の一體的關係に立つ三者の結合せざる所、經學は存し得ないと謂ふのが妥當である。

原始儒家が周の社會制度を理想とし其の文化の再興に志したことは、例へば孔子の周公敬仰の言にも明かに看取し得る所であるが、此の基本的立場の確定する迄には、全く自由な立場からの嚴肅な檢討と思考とが行はれた。孔子は

夏禮吾能言レ之、杞不レ足レ徵也、殷禮吾能言レ之、宋不レ足レ徵也、文獻不レ足故也、足則吾能徵レ之矣。論語

と述べて、夏殷二代の文物制度に對して愼重な歷史的研究と價値批判とを加へんとした苦心を吐露し、然る後

周監㆓於二代㆒、郁郁乎文哉、吾從㆑周。（論語）

の結論に達したのである。こゝに監とは孔安國の解する如く、視即ち比較の意味であるから、此の文は周を二代に比ぶれば周の文化が郁郁として優れるが故に、吾は周に從はんと言ふのである。封建制度の支持、知識階級支配の主張は、現狀を無條件に是認し其の説明理論を發見せむとする權力への阿諛から導き出されたものではない。之に反し利益交換を原則とする經學者に至つては到底權力隨從の意志を脱する能はず、學問に對する根本的態度は勢ひ利祿の道と密接に結合せざるを得ざるに至つた。班固が漢書儒林傳賛に、

一經説至㆓百餘萬言㆒、大師衆至㆓千餘人㆒、蓋利祿之路然也。

と評したのは、當時學者の心情を的確に道破したものと謂へる。學問は出世の手段に用ゐられる事が珍しくない。これ政治に對する學問の從屬でなくて何であらう。故に經學は本來儒家の地盤に成立したには相異無いが、精神的には原始儒家の正當な繼續と爲し得ざる要素を包藏すると見なければならない。そして其の要素が士人階級の爲めに有利たりしは既に述ぶる所の如くである。

經學が士人階級の永世存續を援けた方法は猶ほ一にして足りない。其の一は此の階級の一時的代表者たる君主個人に對して、極めて嚴格な監視と制限を必要且つ正當とする理論を提供したことである。これは一見君主權の抑壓を通して士人階級に對する否定的機能の如く考へられるかも

知れないが、事實は正に逆である。經の有する思想的內容には專制君主に便宜多き主張も固より無いわけではないが、他面不利な主張も決して少くない。例へば常に君主を監視して其の權力の濫用を抑壓し、更に政治的には王朝の交代を肯定し、經濟的には私有財產を否認するが如き、甚だ尖銳な思想さへも含まれてゐる。斯くの如きは、大帝國の世襲專制君主に取つて決して歡迎されない筈であるが、經學は之に對しても經の權威に據つて飽くまで不可侵性を認め、又經學を利用する君主に於いても敢へて之を排斥せず、自ら其の支配を至上命令として甘受するに吝かでないのである。これ政治革命の反覆を常道とし、一夫に對して忽ち皇帝たるの途を開く支那社會の政治的開放性から當然導き出される所に外ならない。經學は一君主一王家の私權を保護するが如き作用を營むこと無く、其の作用の目標は常に全士人階級の存立、及び士人支配の社會制度其のものに置かれてゐた。一體君主が最高の政治權力者として存し得るのは、身自ら士人階級に屬して其の支持を獲てゐるからである。新王朝創業の君主が微賤から身を起す場合と雖も、士人の支持を背景として初めて可能であるに過ぎない。謂はゞ君主は士人階級の代表者である。士人の代表者たる資格無き所、君主たるの地位は一日と雖も保ち得ない。此の士人の代表機關に過ぎざる君主が社會的政治的に其の更迭を要求される事態が存在するに拘らず、猶ほ且つ之を其の地位に留むることは、士人階級自身の爲めに決して得策ではない。士人階級が自己の代表機關の行爲を常に監視し、已む無くば之を廢置する用意と方法とを怠らざるに至るのは斯る理由から理解せらるべく、彼等は其の充分な理論的根據を經學に仰いでゐたと謂ふことが出來る。經學の此の機能に依つて士人階級は其の代表機關たる君主の不適格性に由來する自己自身の崩壞を防ぎ、其の生命を腐敗から救ふに成功した。反覆惹起せる王朝交代は士人階級内部に於ける代表者の交代以上の何物でもなく、從つて其の存立を强化することは有つても其の根柢に對しては固より何等の脅威とも爲り得ざるものであつた。此の事實が彼等の命運に有利に作用したことは言ふ迄も無い。

經學は又士人階級と被支配階級との調和を齎す作用を通して士人の內部組織を强靭ならしむる結果を來した。支配者たる士人は一に讀書人とも稱せられるが如く、同時に知識階級であつた。知識階級の支配は儒家傳統の理想に外ならないが、此の知識階級たるや決して固定的封鎖的性格のものとは考へられてゐなかつた。つまり政權は必ず此の階級の代表機關の掌握する所であるとしても、此の階級自身は他に對して一應極めて開放的である。自己の中の資格喪失者は之を體外に擯斥すると共に、被支配者にして知識教養を具ふる有資格者有れば、之を吸收するに躊躇しない。此の性格は士人階級の全生涯を通じて毫も渝る所無く存續したのであるから、彼等は常に知識人の全部を包擁し來つたと考へて誤り無き實情に在つた。然らば其の知識人たるを立證する標準は何に求められたかと言へば、これ實に經學的教養の有無であつたのである。畢竟、凡そ被支配階級にして現狀に慊らず、社會の不合理を是正し、或ひは文化の創造に寄與せんと欲する者は、先づ士人階級に伍せずむば其の志を達し得ないのであるが、其の爲めには前提として經學の世界に遊び經學的知識を獲得することを餘儀無くされる。經學と士人との不可分關係は此に最も明白に示されてゐる。有知識者に對して階級への門戶が均等に開放されてゐる點に於いては極めて自由であると謂へるかも知れないが、之に進む道が唯一つの經學に限定されてゐる點に於いては極めて不自由と謂はなければならない。士人は前者に依つて其の寬容性普遍性を誇示しつゝ、後者に依つて自己の階級の純粹度を長く維持することに成功した。蓋し非經學的思惟に一切侵入の餘地を與へなかつたからである。而して此の兩者が一面下層不平分子の叛逆心を宥和しつゝ、一面自己の內容的新陳代謝に依る强靱性の維持に作用し、以て舊社會組織の永續に寄與したことは、先人の夙に指摘する如くである。

士人階級が自己保存の武器として經學を有する以上、經の解釋を學者の自由に放置することは好ましくない。眞理を追求するといふ學問本來の絕對自由性は、經學の世界に在つては其の本質上望み得ない時がある。何等かの形に於いて標準解釋を確定し、之を强制する必要が生ずる。此の必要は政治力が士人階級の手に强く結集せられた時、換言すれば大帝國の出現した時程痛切に要求される。然るに凡そ政治革命は社會情勢の不安定と關聯して發生し、經學の自新作用も亦社會情勢の轉變と相應して行はるゝが故に、大帝國の成立に本づく解釋の統一は解釋の分裂革新と概ね相關關係を保ちつゝ現れる。これは漢唐宋等に於ける例が事實を以て立證する所である。例へば前漢末王莽が政柄を秉るや、今文博士の外、左氏春秋・毛詩・逸禮・古文尙書の博士が立てられ、後漢に入つて陳元・賈逵に端を發する古文推重論が、遂に政府をして公羊穀梁の諸生二十人を選びて左氏を講じ任官の道を認めしめたるが如きは、是である。又唐の五經正義は唐室の思想統一の標準を樹つる爲めに作爲されたものであるが、周易・尙書・左傳等の諸經に於いて南學を採用したことは、六朝以來新興の觀念的學風が當時の知識階級に高く評價された結果である。而して觀念的學風の興隆は後漢末以後の社會的變動に其の根本原因を求めなければならない。宋に於ける理學の發生及び程朱學の公認制度の樹立も、亦同樣の關係に置かれてゐる。元來士人の政權が自己中心的見地から標準解釋を作爲し之を公布するが如きは、自由討究を本旨とする學問の精神に背馳するものであり、從つて政治力を其の背後に用意せざれば其の效果を期し得べき筈は無い。士人は當然其の具體的方法を考へる。歷代の博士官並びに各時代に於ける官吏任用の制度は、卽ち其の要請に應じて出現したものである。

前漢武帝の時五經博士が設置せられて以來博士なる官職の創設は秦の時、此の官は學官として所謂「古今を通ずる」を掌るものであり、國家公認の學を講じて子弟を養成し、其の門下生は一定の規則に依つて直ちに官吏に任用せられる原則であつた。官吏任用の形式は時代に依つて異るが、唐以後科擧制度の確立するに逮んで、官吏たらんとする者の正當的門徑は此の一途に限られる觀を呈した。科擧の科目は直接經義を對象とする所謂明經科のみではなかつたとしても、經學的教養は其の總てに必須な根本的なものとして要請された。これは科擧に由らざる傍系任用者に對しても同樣であつた。そして此の風は決して科擧時代に創るのではなく、遠く經學の發生と其の時期を同じくして居り、科擧制度は其の社會的要請を制度の上に明確に具體化したまでゞある。漢より隋に至る間は國家試驗の形式未だ成らず、人才登庸は所謂鄕擧里選の精神に沿つて行はれた。漢の時仕官の徑塗は賢良・方正・孝廉・博士弟子等雜多に渉つてゐるが、何れも經學的教養を基礎とする資格たるは言ふ迄も無い諸例漢書に充滿す。郡及郡縣の吏は任官の初階であり、之を經て高官に進んだ實例は少からず發見されるが、其の資格は應劭の漢官儀に

　能通二倉頡史籀一、補二蘭臺令史一、滿歲爲二尙書郎一。通典引く

と有るによつて略ぼ察し得る。說文の序は尉律を引き

　學僮十七已上始試、諷二籀書九千字一、乃得レ爲レ史、又以二八體一試レ之、郡移二大史一幷課、最者以爲二尙書史一。

と述べ漢書藝文志は蕭何創造の律として同旨の文を載せてゐる。此の規定の目標とする所は畢竟

任官の資格として或る程度の經學的知識を確保せんとするに在るが、武帝の時一藝以上に通ずる者を卒史に補するの制を立つるに及んで、此の旨意は一層徹底することゝ爲つた。魏晉の際に於ける九品中正の法は方法に於いて特殊な形態を取つてゐるが、人物を甄別する準據が州里の清議に置かれる以上、其の精神に於いて毫も變化無しと謂ふべきである。試みに晉の武帝が示した六箇の標準を左に掲げる。

乙未令二諸郡中正一、以二六條一擧二淹滯一、一曰忠恪匪躬、二曰孝敬盡レ禮、三曰友二于兄弟一、四曰絜身勞謙、五曰信義可レ復、六曰學以爲レ己。（晉書武帝紀）

老莊の學盛んなりし中に在つても、人材登庸の根本精神が斯くの如く經學的理念を離れない事實は注目に値ひする。隋の煬帝は大業三年十科擧人の法を設けてゐるが、十科の中「膂力驍壯」の一科を除く他の九科は「孝悌有聞」「德行敦厚」等の如く、悉く經學的教養を内容とするものである。さればこそ煬帝に依る進士科の創建は、古來の鄕擧里選諸侯貢士の遺法を破棄する點に於いて手續き上劃期的であるとしても、人材に對する評價の原則に至つては依然として動搖する所は無いのである。昔秦の始皇の時、丞相李斯は學問に彈壓を加へて民間の自由教授を禁止し、若し法令を學ばんと欲する者有らば吏を以て師とすべしとする政策を强行した。これ眞に空前の措置であり、支那教學史上確かに特筆に値ひする事件と謂つてよい。其の學問の自由性剝奪といふ效果に於いて經學主義と酷似する此の法令は、正に時の官僚が中央集權國家に於ける獨裁的地位を强固にせんとする爲めの政治手段であつた。換言すれば、新興支配階級の存立の爲めに、自己に有利な學問のみを許容し、以て思想統一を行はんとするものであり、學問の政治への隷屬を要請したるに外ならない。唯此の時に在つては、一方に於て新たな支配階級の社會的地位は未だ充分に安固ならず、他方に於いては此の階級の支配と存立とを理論的に正當附ける學問の出現を猶ほ見るに至らざりし事が、漢初經學成立時代と條件を異にしてゐた。此の社會的條件の相異が、時の政治家をして、明瞭に學者の反動を刺戟するに足る拙劣な高壓的手段を强行せしむるに至つたのである。然るに之を距る約八十年、武帝の初期に在つては總ての狀況は支配階級に極めて有利に展開してゐた。武帝は何等の强壓を須ゐずとも思想統一は却つて學者の側から提案せられ、政治力の學問支配は學者の利祿心に依つて甚だ容易に達成されたのである。故に經學は武帝董仲舒無しと雖も亦起りし筈のもので、彼等の經學史上の存在意義は勿論否定する能はずとしても、彼等を動かした根本的なより大なる力は必ず之を當時の社會そのものゝ中に求めなければならない。要するに科擧時代たると共れ以前たるとを問はず、經は凡ゆる知識の淵源たると共に經學は學問の全部であり、士人として誇るに足る敎養は一に此に培はれた。故に新たに知識を得て士人階級の一員たらんと欲すれば、先づ經學を治めざるべからず、士人は此の洗禮を新入者に强制し得る巧妙な制度を樹立することに依つて、名實俱に異質者の徹底的同化に成功したのである。此の意味に於いて科擧及び之に準ずる慣習や制度は、士人階級の爲めに貢獻する所甚だ大と謂はなければならない。而して士人階級が全知識人を包括して餘さゞる以上、知識は事實上彼等の獨占に歸するの外は無い。そして其の知識が經學的基礎の上に成立してゐたとすれば、士人支配を軸とする社會組織の不合理を發見し、之が根本的改革を誘發するに足る精神的刺戟の如きは、遽かに期待し得ないのが當然である。知識の獨占と封鎖とは彼等に取つては洵に大なる幸福を齎したと謂つてよい。

過去二千年の久しきに亙つて士人の勢力が動搖せざりし理由は、根本的には經濟狀態の停滯に存するとしても、如上經學の營める精巧な機能、及び之を有效に作用せしむる手續きとしての制度に負ふ所も少くない。清末外國資本の支那侵入を直接の原因として、此の根强き階級の勢力に異變を生ずるに至るや、科擧制度の廢止が先づ革新論者に依つて絕叫せられ、同時に經學も進步的學者に依つて科學的批判の爼上に置かれ、遂に經も亦其の權威を喪失するの已む無きに至つた。此の事實は經學と士人階級の運命とが、本質的に如何に不可分關係に在りしかを物語つて餘り有る。嘗て幾度かの政治革命に超越し、反覆將來せられたる外國文化に對しても、能く主體的同化作用を營んで士人の生命を擁護した經學が、此の時に於いては何故にかくも無力たらざるを得なかつたか。固より此の間に在つても、經學的理念を以て危機の克服を謀らんとする努力は爲されたʼ 校邠廬抗議四十七條や勸學內外篇の如きは其の代表的なもので、其の著者馮桂芬並びに張之洞は「用ㇾ夷變ㇾ夏」の謬說を破り、先聖の法に法つて時を救ひ得ると考へた。此の兩書の間にも思想上新舊の別は自ら存するとしても、經學的秩序に多くの價値を認める點に於いては相等しい。かうした經學最後の必死の抵抗にも拘らず、遂に天下の形勢を動かすことは不可能であつたのである。これは經學と社會との基本的關係に其の理由を求めなければならない。蓋し知識の獨占は卽ち文化の獨占であり、知識の封鎖性は同時に文化の封鎖的性格を將來する。士人は經學といふ盤石の上に二千年間自らを泰山の安きに置いて來たが、其の磐石が支那社會の經濟的特殊性といふ大地に支へられてゐることを忘れてゐたが故に、一たび此の大地の震動に逢着するや、何等自ら守るべき方策を發見し得なかつたのである。士人階級の存在が停滯せる支那社會の象徵なりとすれば、經學の存在は固定せる支那學問の象徵なりと謂ひ得るであらう。

三　經學の性格

經學が支那の社會組織と不可分の地位に居る以上、其の性格も畢竟總て此の關係に依つて規定されるのであるが、今其の本質的と思はるゝものの二三を提擧し、之に就いて少しく考究の歩を進めてみよう。

經學における二大學派と其の特徴

經學の性格を論ずるに當り、前提として經學の派別に前漢以來今文古文の二者有ることを豫め注意しなければならない。文とは字を意味する。從つて此の兩者は、要するにそれぞれが依據する經典の字體の差に出發する分派に過ぎないのであるが、周知の如く兩者は經文の解釋は固より、學問的態度及び思想等に至るまで事每に鋭き對立を示し、經學史上注目すべき多くの問題は主として兩派抗爭の所產なりと謂ふも過言に非ざる程である。所で右兩派の中、漢初經學の成立時代に當つて經學を代表した勢力は言ふ迄も無く今文學派であつた。もつとも此の時代には古文經を奉ずる學者は猶ほ未だ學派としての大を爲さず、從つて所謂古文學派の名は成立してゐなかつたと同時に、之に對立するものとしての所謂今文學派の名も未だ定立してはゐなかつたのではあるが、兎に角經學界は今文經を奉ずる學者の勢力が壓倒的に優越し殆ど其の獨占に歸してゐた。漢は惠帝の世に秦以來の挾書律を廢棄して學問復興への道を開き、又景武の頃には河間獻王の如き古書愛好家も現れたので、民間に隱匿されてゐた所謂古文先秦の舊書は陸續として世に出現しつつあつた。一例として河間獻王の傳を示す。

河間獻王德修レ學好レ古、實事求是、從レ民得ニ善書一、必爲ニ好寫一與レ之、留ニ其眞一、（中略）或有ニ先祖舊書一、多下奉以奏ニ獻王一者上、故得レ書多、與ニ漢朝一等、（中略）獻王所レ得書皆古文先秦舊書、周官尚書禮禮記孟子老子之屬、皆經傳說記、七十子之徒所レ論。

同時に魯共王や淮南王も亦古書の蒐得多きを以て著名であつた。又劉歆の七略には

孝武皇帝敕ニ丞相公孫弘一、廣開ニ獻書之路一、百年之間、書積如レ山。（文選注引）

と有り、以て漢初朝野の文化復興策が天下の古書を夥しく出現せしめたことを知る。而して新出古書は共王所得と傳へらるゝ一群の如く科斗文字を以て書せられたと明記されないものも、周圍の諸條件から考慮して古文の書が頗る豐富なりしは想像に難くない。斯くの如く經學發生當時に於いて古文經が既に學界の資料として注視の的と爲つてゐたに拘らず、獨り今文家のみが勢力を專らにし得たのは何故であらうか。蓋し秦以來博士官を中心として傳承せられ、經文が今字に改書されてゐる事實は、本文の整理文字の訓詁等古典學の基礎的工作が既に一應行はれたことを意味し、從つて之を奉ずる學派に在つては進んで理論の討究に入る可き道が比較的容易に開かれてゐたと考へ得る。然るに古文に在つては總てが全く反對の條件に於かれてゐた。長く學者の手を離れて新たに山巖屋壁より出現した古文經は、正文の錯亂も有り、訓詁も固より未完であつたに

相異無い。所謂隸古定の業も要求せられたであらうし、二劉の行へるが如き大規模の校定事業も特に必要とされたであらう。斯る狀態に置かれた古文經典を對象とする學者は、急に理論の整備に進むべき餘裕を有しないのも亦已むを得ない。然るに經學發生當時士人階級の需めた所は、飽くまで自己を正當附ける基礎的理論であつた。經學發生の根本理由が抑も此に存したのである以上、此の要請に應へて理論を提げて政權と結托し得る狀態に在つたものは、當時としては實は今文家以外には有り得なかつたのである。古文家も前漢末王莽が新國を建設せむとする時には、今文家に代つて之に簒奪の理論と方法とを提供しつゝ政權に接近するが、出發點に於いて兩者の荷つた宿命は、一を國家公認の學として政治的優越性を獲得せしめたに對し、一を民間樸學者の手に委ねて政治より獨立せしむるに至つたのである。政治的優越性の獲得は、其の支配階級に對する本來の責任完遂上、其の學をして勢ひ主觀的理論を重んぜしめ、之に反して、訓詁の完備正文の整頓に專らなる立場は、其の學をして勢ひ客觀的實證的傾向、卽ち所謂實事求是の態度を取らしめる。つまり前者は哲學的、後者は歷史的たるべき契機を其の經學としての首途に於いて既に有したと謂つてよい。此の二つの相反する性格は今古文學の本質を形成し、爾後全經學時代を貫いて兩者を支配してゐるが故に、兩者勢力の消息に比例して各時代に於ける經學の性格が決定された。例へば大體論として、前漢時代は今文學盛行の故を以て抽象論が活潑に展開されたのに反し、後漢に入ると共に訓詁注釋の學が一世を風靡したのは古文派が經學界に優位を占めたからである。又清初の經學界を代表する考證學の隆昌は實事求是的欲求の然らしむる所であるが、中葉以降武進を中心として勃興せる公羊學は、考證學の無理論性に對する不滿を一つの動機として發生しつゝ、遂に清末の學界を特徴附けるに至つた。勿論時代に依つては今古文の特色が左程顯著に現れず、或ひは意識的に兩者を止揚せんとする態度の示された場合も無いではないが、然し要するに哲學的立場と歷史的立場、從つて政治への直接的貢獻に傾き易い性格と政治を離れての純學問的性格、更に又思想性の過剩と其の不足といふが如き、今古兩派を區別する諸多の根本的素質の存在を無視するならば、經學に對する正當なる認識も的確なる理解も到底期待し得ないのである。

論理的性格

今文古文の別を離れ經學を全體的に觀察する時には、其の顯明な性格の一つとして論理性を擧げることが出來る。一體經の內容は其の數最も少なき五經時代に於いてさへ、時間的空間的に相當の廣さを有するに拘らず、之を經の權威に於いて統一せんとする經學は、其の差異を故らに度外視せんとする要求を原初的に內在すると言へる。例へば同じく五經の一であつても、尙書と春秋とは其の成立時間的に前後相距たり、詩の如きは其れ自身の中に於いてさへ時間的のみならず地理的にも廣範圍の作を含み、又作者は風雅頌の別に應じ階級的にも極めて多様であるから、經の思想が複雜多岐に亙り時には相牴牾するに至るのは、時代環境の支配する所、甚だ當然の成り行きに過ぎない。然るに經學は此の避く可からざる不一致を時間的發展空間的差別に依つて說明することを好まず、却つて同一時間同一空間の中に於いて同次元的に解決せんとする態度を取る。之を可能ならしむる道は說明の技術としての論理學に待たざるを得ない。此の傾向は後世經の數が增加するに從ひ愈々甚だしきを加へる。是に於いて其の素朴的方法と見るべきものは、後漢の訓詁學を集大成し諸經に統一的訓詁を樹立せんと企圖した鄭玄に於いて、既に顯然と出現した。鄭玄は諸經傳に注するに當り、自己の立場に於いて新說を創成するよりは、寧ろ衆家の說を兼採し之を一是に折中することを根本態度とした人である。彼の折中的態度は前代に於いて氷炭相容れざりし今古兩家の雜揉をも敢てせんとする極めて徹底したものであるが、經書の中說明不可能な相排的記事に逢着すれば、之を夏殷周三代といふ異れる時代に於けるそれぞれの歷史的事實として解決する常套手段を心得てゐた。次に一二の例を擧げる。周禮大宗伯には四時祭祀の名を春祠夏禴秋嘗冬烝と爲すに對し、禮記王制は春礿夏禘秋嘗冬烝と定め、祭義には春禘秋嘗の文が有る。鄭氏は此の參差を救ふ爲め王制の注において、此蓋夏殷之祭名、周則改レ之、春曰レ祠、夏曰レ礿、以レ禘爲ニ殷祭一。

と言ひ、更に此の禘祭及び祫祭を同列に置き、大宗伯所載の肆獻祼饋食の二禮に擬して巧みに調和を計つてゐる。言ふ迄も無く祭名の異同は秦漢の際祭祀の意識的整理に際會して發生したもので、殊に古文の周禮と今文の王制との間に不一致の存するは何等怪しむに足りない。決して三代の異制に本づけて解決すべき問題でないに拘らず、强ひて斯くの如き道を選ぶのは、畢竟經學に於いて經の本質と考へられてゐる聖人の統一的意志を固守せんと欲するが爲めである。又周禮大司馬には天子四時の田制を規定し、其の名を春蒐夏苗秋獮冬狩とする。穀梁桓四年傳は春を田、秋を蒐とするの差異は有るが、毎歳四田の制を認むる點に於いては大司馬職と合致してゐる。然るに公羊傳は春苗秋蒐冬狩の三田說を取り、王制亦然り。是に於いて鄭玄は王制に注して

三田者夏不レ田、蓋夏時也。

と言ひ、又春秋緯運斗樞に據つて穀梁の義を短とする何休を駁するに當つても、

四時皆田、夏殷之禮。釋廢疾

と述べてゐる。按ずるに四時の田名も祭祀の場合と同一の定着過程を有すること勿論であるに拘らず、鄭氏は依然として之を三代の異制を以て解釋する態度を堅持する。斯くの如きは鄭玄の注解を通じて隨所に見らるゝ一つの根本的調和法であるが、其の何れの場合と雖も、果して三代に

斯る事實の存したると否とは客觀的には論證せられて居らず、又鄭氏自身之を立證せんと努力することも無い。つまり彼の三代配當は單に說明の手段たるに止り、科學性を全く缺如せる一箇の獨斷に過ぎないのであるが、彼に在つては斯くせざれば傳聞の異に由來する數種の矛盾する記事を支障無く成立せしめ、經學の權威を護ることは不可能と考へられたからである。

三代配當法は嚴密に言へば鄭玄に始るものではない。其の顯例は既に禮記明堂位に看取される。「鸞車有虞氏之路也、鉤車夏后氏之路也、大路殷路也、乘路周路也」「有虞氏官五十、夏后氏官百、殷二百、周三百」（鄭玄も此の數字と他經記事との調和には成功してゐないのは注目に値ひする）の如き、更に溯れば論語の哀公問主に對する宰我の答へは、主の材が三代に依つて異るを主張してゐる限りに於いて三代配當法の濫觴を爲すと謂へる。前後の事情から推して恐らく宰我には實證的根據は無かつたであらうし、また社に關する研究成果は正に宰我の答へを否定する材料を提供してゐる。五經異義所引の公羊說は宰我の立場を觀念的に發展せしめ、夏殷周の帝都の地がそれぞれ松柏栗に宜しかつたとの說明を與へてゐるが、其の事實性は立證せられない。たゞ明堂位の記事には同じく三代配當を行ひつゝも、純粹な觀念的所產でなく、比較的古い歷史的傳統を其のまゝ遺してゐる例も有り、分別を要する。

論理的手段は六朝以後の注疏學者に依つて最もよく繁用せらるゝに至つた。蓋し注疏の學は經の外更に經に準ずるものとして注の權威をも承認しなければならず、且つ經學者は一般に其の極端な經中心主義の然らしむる所、經以外の史書雜著に至るまで、能ふべくんば之を經の羽翼たらしめんと欲する。此等多くの資料は本來固より經と獨立に存するのであるから、經を中心としつゝ之をも成立せしむる爲めに、歴史的地盤と遊離せる高度の論理學的技術を必要とするのは當然の歸趨と謂はなければならない。例へば禮記中庸には周の大王王季を追王した者を周公とするに對し、大傳には武王とする。周の先王に王號を與へた時期は經學上等閑に附せらるべき問題ではない。是に於いて禮記正義の作者は中庸の疏に於いて

武王既伐レ紂追王、布二告天下一、周公追而改葬。

と辯じ、兩者疏通の努力を惜まないのであるが、之は確認された事實に基くのではなくして單に文を望んで技を弄したものに過ぎない。春秋の「隱元年秋七月天王使下二宰咺一來歸中惠公仲子之賵上」の經文に就いて、左氏傳は惠公の葬が春秋の前に在るを理由として

贈レ死不レ及レ尸非禮也。

と言ひ譏文を爲すに對し、禮記雜記には含者を待つに既葬ならば蒲席、未葬ならば葦席の文が見え、葬後尸に及ばざるの含を肯定するもの丶如くである。左傳正義は此の矛盾する兩者を次の如き方法を以て解決してゐる。曰く

雜記弔含襚賵臨之等、未レ葬則葦席、既葬則蒲席、是葬後得レ行、此言レ緩者、禮記後人雜錄、不レ可二與レ傳同一言也、或可二初葬之後則可、久則不一レ許。

と。左傳の疏を作る立場に於いて一應雜記の記事を否定しつゝも、猶ほ經たるの權威の下に之を成立せしめんとする欲求が、「或可云々」といふ調和的解釋を附加せしめたのである。これ兩者の乖離を歷史的條件の相異の中に放置することは經學的意識の許さゞる所なるが故に外ならない。

左傳隱八年の「先配而後祖」の解釋は古來異說聚訟する所である。正義は「先逆レ婦、歸而後告レ廟」と言ふ杜注の妥當性を立證する爲めに、先づ賈逵・鄭衆・鄭玄の說を列し、其の誤謬を指摘することに依つて杜說を消極的に成立せしめんとする方法を採つてゐるが、三說を破するに當つては其れが悉く論理的に何等かの矛盾を內在する點を强調してゐる。尙書堯典の「曰若稽古帝堯」の解に於いて、孔傳は

若順、稽考也、能順二考古道一、而行レ之者帝堯。

と言ひ、正義は勿論之を敷衍してゐるのであるが、然し古道順考を以て特に帝堯を標識し得る所以は無條件に人を承服せしめ難い。況んや鄭玄の如く稽を訓じて同と爲し古を訓じて天と爲し、能く天に順ひて行ひ之と功を同じうすると解する有力な立場の存するに於いては尙更である。且つ鄭氏の解は論語の「惟天爲レ大、惟堯則レ之」に本づくが故に、經學的にはより合理的とさへ考へられる。然し旣に孔傳を採つた疏家としては、假令鄭義の妥當性を內心感知しつゝも必ず孔傳を申べざるべからざる責務が有る。此の一節に對する一段の正義は全く如上の經學的意識に依つ

て孔傳の長を辯ずる論理的技術に外ならない。凡そ斯くの如きは經の解釋に充滿する所であり、認めて以て注疏家の基本的性格とするに十分である。是に至つて、注疏家は經義の創造的解釋の立場より一層狹隘の世界に跼蹐し、寧ろ如何にすれば數個の異る資料を一元的に統一し得るか、或ひは假令終には其の何れかを否定するの已む無きにせよ、理論上其の正當に成立を主張し得る限界を一應明確にせんとする論理學的關心に重點が換置せられてゐると謂ふも過言でない。而して斯る限界の吟味は、旋て窮極に於いては、據る所の注其のもの丶妥當性の證明と關聯すること言を俟たない。思ふに義疏の學は周知の通り六朝に發生し、沙門の影響を受けて本來討論の形を以て敍述されたものである。既に難疑應答の所産たる以上、典據を經に求めつ丶論理的論爭の展開されるのは自然であるし、又當時玄學から多分に影響を受けたことも否定出來ない。論理的關心の昂揚には斯る時代的條件も固より有力な原因であるが、根本的には經の權威を成立要素の一とする經學には、斯る性格の形成せらるべき契機が本來存したと謂はなければならない。

經學が學者利祿の道と爲つてゐたことは既に述べた所であるが、此の關係が經學を論理學たらしめる他の一つの原因と爲つた。漢の武帝が始めて五經博士を設けた時は、詩に三家の別が有つたのみで、他の四經は何れも唯一家の學が有るに過ぎなかつたが、其の後各經並びに家數を増し、後漢書儒林傳に依れば所謂十四博士易は施・孟・梁邱・京、書は歐陽・大小夏侯、詩は齊・魯・韓、禮は大小戴、春秋は公羊嚴・顏。後漢書儒林傳には「詩齊魯韓毛」と有り、十五となる。然し後漢十四博士の徴驗は他に多く明文が有るから、毛字は衍文と考へるを妥當とする。日知錄卷廿六に考論が有る。が立つに至つた。博士官に立てることは卽ち國家が官許の學として待遇する具體的措置に外ならないが故に、學者の之を望むは言ふ迄も無い。然し一家としての承認を得る爲めには、經に對する未見の新說卽ち所謂創造的解釋を提出せざるべからず、其れは舊解に比して自ら特に異を衒ふべく要請されるが故に、抽象的理論の玩弄は玆に不可避の現象と爲つて生ずる。尙書今文家の夏侯勝所謂大夏侯に從つて尙書を治めた從父昆弟の子儒林傳は從兄の子と爲す夏侯建所謂小夏侯は師說に增飾を加へた爲めに「章句の小儒にして大道を破碎するもの」と詆られたが、建は勝を「學を爲す疏略、以て敵に應じ難し」と言つて輕侮した。兩者の爭論を審察する時、建の爲せる增飾が師說の論理的不備に關して行はれたるを知ると共に、當時經學界に於ける論理的論戰の盛行を推察することが出來る。然らずんば疏略なるが故に敵に應じ難しとする非難は理解し得ないからである。夏侯建の弟子秦恭も亦師說を增益し、尙書堯典の「堯典」といふ篇目の兩字を說くに十餘萬言を、「曰若稽古」の四字を解するに三萬言を用ゐるに至つたと傳へられてゐるが、かゝる現象は抽象的論議に耽るに非ざれば有り得べきことではない。蓋し支配階級に有利な哲學を提供すべき任を負はされた經學の世界に於いては、眞の意味での學問の進步は最早存在し得なくなつた。之に加ふるに利祿の觀念が多少なりとも學者を牽制してゐたとすれば、彼等は經の觀念的解釋に沒頭する以外、存在意義を發見し得なかつたのは當然である。又それが當時に於いては榮達の途とも一致したのであつた。斯る傾向は兩漢において殊に甚しいには相異無いが、唐宋以後經書の自由解釋が或る程度行はるゝ時代と爲つても、又別の形に於いて同樣の現象が反覆されてゐる。これは經學の本質上到底避け難き所と言はなければならない。

王充は經學界の一般的傾向を次の如く記してゐる。

漢立二博士之官一、師弟子相訶難、欲下極二道之深一、形中是非之理上也、不レ出二横難一、不レ得二從說一、不レ發二苦詰一、不レ聞二甘對一、（論衡明雩）

正に論理上の論爭を物語るものである。

超歴史性及び歴史觀

經學が其の本質上並びに存立上脱却する能はざりし論理的性格は、直ちに其の超歴史的性格と關聯してゐる。經の內容を一切眞實なりとして平面的に肯定すべく取られた態度は既に歴史を超越するものであつたが、今や經學は經の成立に直接間接に關係有りと認めらるゝ多くの聖賢先哲に對する取り扱ひに際して、此の立場を一層深固にせざるを得ざるに至つた。經學の自己中心的立場から言へば、經の成立に無關係の聖賢先哲は有り得ざると同時に、總ての賢哲は本質上差異有るを許されない。抑も古代聖人は多く所謂加上思想の所產であり、各時代に在つて各學派が自己の必要上、より古き時代に之が存在を創設寄托したものである。例へば儒家に於いては孔子時代には文武周公に對する敬仰の態度は極めて明白に看取されるに拘らず、堯舜を後世の如く至上の聖人として憲彰することは未だ甚だしく盛んならず、殊に堯に關する傳說は孔子以後の加上に係るを思はしむるもの有るが如き、是である。經學成立迄には周末の如き加上作用の旺盛な時期が有つた關係上、斯る過程を經た古聖人は夥しく增加せられ、黃帝・伏羲・神農の如きに至るまで儒家的範疇の聖人として其の尊嚴性が確立された。此等太古の帝王が人身牛首蛇身人首と言ふが如き傳說的超人的或ひはトーテム的要素を一面に含みつゝ、他面易の繫辭傳に載せらるゝが如く、結繩罔罟を爲つて佃漁を敎へたり、耒耜を以て耕作の利を廣めたり、更に八卦を作り交易を開く等、文化的經濟的進步を人類に與へたと傳へらるゝ事は、素朴的な傳說が儒家思想的範疇に轉化融合する實情を提示するものとして意味が深い。此等諸聖が單に個別的に其の意義を認めらるゝに止る時は問題は無いのであるが、經學の發達が漸次彼等を自然のまゝに放置するを許さゞるに至れば、元來無關係に發生した群聖の間に何等かの統一を與へなければならなくなる。今試みにかゝる推移の過程を黃帝に就いて考ふるに、傳統的存在としての黃帝が古くから人口に膾炙してゐたことは、春秋の時占卜の繇辭に既に其の名が見える事實に依つて肯定される。曰く

使下ニ卜偃一卜セ之、曰吉、遇下黃帝戰二于阪泉一之兆上。（僖二十五年左傳）

繇辭に其の名を存することは、個人や特殊の學派的認識を離れて、其の傳承の社會性を背後に有する有力な證據である。黄帝が最初に如何なる要求の對象として説話史上に出現したかに就いては、一二の擬議を設け得る以外、今日に於いて之を論斷すべき材料を缺くのであるが、兎に角或る種の理由に本づいて出現し と言つても黄帝が全く觀念や空想の所産であると言ふのでは決してない。、春秋の時には既に繇辭に迄取り入れられた黄帝は、文化思想の發展と並んで種々の觀點から傳説統一の中心として選擇せられるに至つた。其の一つは血縁的統一の中心である。黄帝の出現と相前後して、同樣の性格を備へた古代英雄が神話や民族傳承の世界から現實の歴史的世界へ移住したことは想像に難くないが、斯うした數多の人物が何等かの原理に依つて整理を要請せられるのは當然である。血縁的整理は其の一つの形式である。國語の

凡黄帝文子二十五宗、其得㆑姓者十四人、爲㆓十二姓㆒、中略 昔少典娶㆓于有蟜氏㆒、生㆓黄帝炎帝㆒、黄帝以㆓姬水㆒成、炎帝以㆓姜水㆒成。晉語

の如きは蓋し其の原初的形態を示すものであり、之が更に合理的整理を經れば、大戴禮の五帝德帝繫や史記五帝本紀所載の如き整然たる體系を形成する。血統的整理に對して文化的觀點から試みられた整理が有る。易繫辭傳に謂ふ所の、

古者包犧氏之王㆓天下㆒也、仰則觀㆓象於天㆒、俯則觀㆓法於地㆒。云々

の一節は正に其の適例で、此では包犧に始り神農・黃帝・堯・舜に至る各人が順次に各時代の文化を創造し、文明を代表する者として記述されてゐる。更に文化史的整理に近似しつゝ然も異る範疇に屬するものとして區別せざるべからざるは政治的整理である。國語に展禽の語る

昔列山氏之有二天下一也、中略黃帝能成二命百物一、以明レ民共レ財、顓頊能修レ之、帝嚳能序二三辰一以固レ民、堯能單均二刑法一以儀レ民、舜勤二民事一而野死。云々魯語

の一段の話說は、炎帝烈山氏以下黃帝顓頊帝嚳堯舜禹文武等の政治的功績を稱讃し、其の功績の故を以て彼等が死後禘郊祖宗の對象として祀典に加へられるに至つた所以を序述したのであるが、此に注意すべきは、彼等群賢の功績は原則上後者が前者の遺功を繼承發展せしめたものとして把握せられ、評價の標準も此の點に置かれてゐる一事である。此に至れば彼等は最早古代神話の主人や部族傳說中の英雄ではなく、高度の文化發達せる政治機構の中に地位を占むる完全な政治支配者と爲つた。而して彼等の價値が先王憲彰の原則に照して附與されてゐる以上、吾々は一種の政治理念、從つて之に對應する所の道德理念が、彼等の間に一貫して繼承授受せられたとする思想の存在を肯定しなければならないのである。政治的統一が同時に道德的統一を意味することは、儒家の政治概念に鑑みて當に然るべき所であるが、此の統一こそは最も技巧的文飾的要素を含み、又其れだけに最も觀念的理念的所產なりと謂はなければならない。そして實に此の故を以て、此

の統一形式は經學に於ける不可缺の整理範疇として重きを爲すに至つたのである。吾々は其の代表的な且つ合理化された形式として道統思想を發見する。

道統は言ふ迄も無く、經學的に考へられた絶對眞理傳授の系譜を意味するのであるが、其の絶對眞理の内容は各時代に於ける經學思想を滿足する諸條件を以て充塡せらるゝ以上、時代に應じて必然的に變化すべきに拘らず、之を最古の聖人以來變化無く傳承せられたとする所に超歷史的性格を發揮して居り、同時に其れが經學理念の產物たることを遺憾無く示してゐる。今一例として朱熹の道統論を譯出すれば次の如くである。

思ふに上古の時聖神の人が天意を繼いで中極の道を立てゝから、道統の傳授が始つた。其の經書の見えるものを言へば、「允《まこと》に其の中を執れ」と言ふのは堯が舜に授けた所のものであり、「人心は危く道心は微かなものである。これ精にこれ一に、允に其の中を執れ」と言ふのは舜が禹に授けた所のものである。これ以來聖人がつぎつぎと之を傳へ、君としては成湯・文・武の如き、臣としては皐陶・伊尹・傅說・周公・召公の如き、皆此の敎へを以て道統の傳授に與つた。吾が孔夫子の如きは位を得なかつたけれども、往聖を繼ぎ來學を開いたといふ點に於いて、其の功績は堯舜以上のものが有る。然し當時において親しく見知した者では、顏氏曾氏の傳のみが其の宗を得たものであつた。曾氏から再傳すると孔子の孫子思が得られるが、子思の時代になると聖人を去ること遠きが爲めに異端の說が現れてきた。子思は時間の經過と共に道統の眞實が失はれんとするのを懼れたが故に、堯舜以來相傳の意に推本する傍ら、自己の平生師父に聞いた所を參酌し、交互演繹して此の中庸といふ書物を作り、以て眞の道を後世の學者に明かにせんとしたのである。中略子思から更に再傳して孟氏が得られるが、此の人は中庸の書を推し明かにして先聖以來の道統を承けた。然し孟氏が歿して道統の傳授も共に失はれるに及んでは、吾が尊ぶ所の道は單に言語文字の上に寄託されるに過ぎない有樣となつた。中略最近程夫子の兄弟が出て、考へるべき典據が有つてあの千載不傳の道統の緖を續けることが出來た。下略、中庸章句序

他大學章句の序等に於いても同一旨趣の道統論が展開されてゐる。之に依れば堯舜以後の群聖賢哲は悉く此の道統の傳承中に地位を占め、又之を占めることに依つて其の價値が保障されてゐる。然し其の價値附けは堯舜の時における既存完成の道を忠實に傳承祖述したといふ點に於いて飽く迄等質的なるが故に、各聖賢の學問思想の間に歷史的發展の跡は抹殺されざるを得ないのである。子思中庸の作が果して堯舜以來相傳の意を推本したものなりや否や固より疑ふに足るべく中庸が新經古經の二つの部分に區分せらるべき性質のものであり、少くとも新經は子思とは全く無關係に成立してゐることは既に定論である。また論語の「允執其中」や大禹謨の「人心惟危」の四句を以て堯舜傳授の言とする朱子の態度に至つては、歷史的立場からは到底容認の餘地無き

こと言を俟たない。要するに道統思想は歷史性否定の上に始めて成立し得る理念であり、そして其の理念たるや、實に經學が其の本質上要求する超歷史的性格と不可離のものなのである。

道統思想は其の性質上、內面的に經學の組織の整備が痛切に感ぜられる時、卽ち外面的には他の思想又は學問と對峙の環境に入つた時に、最も昂揚される筈のものである。此の思想の萠芽は、溯れば旣に孟子に之を發見することが出來る。彼が滕文公・盡心の諸篇に於いて、堯・舜・禹・湯・文・武・周公・伊尹・萊朱・孔子等を政治道德上或る連續の原理に依つて理解せんとする態度を示してゐるのは、正に其の發現と考へられるが、然し彼に在つては連續するものの具體的內容は猶ほ明確な認識の對象に上つてゐない。これは連續の觀念が、彼の場合に於いては道統といふが如き具體的形態にまで發達しなかつた爲めに外ならないのであるが、萠芽としてにせよ斯る連續的解釋を孟子が取つてゐるのは、彼の時代に在つては儒家と儒家以前の諸思想、卽ち楊朱墨翟などとの對立が極めて鋭かつたといふ事實と無關係に考へることを許さない。漢初儒家思想を以て思想統一を行ふべきを獻言した董仲舒が、道は萬世に涉つて弊れること無きものと言ひ、堯・舜・禹の三聖人が相受けて一道を守つたことを强調して已まないのは、道統觀念が稍發達した結果と見て差支へ無い。匡衡・谷永・梅福・尹更始など漢世の代表的經學者は、政治理論や制度を論ずるに當つて上古以來の傳統を其の立論の基礎にする場合が多いが、此も道統觀念の形成されつゝあつた證左である。前漢末揚雄に至ると道統觀念の一段の組織的進歩が看取される。それは揚雄が孟子を憲彰するに努力した事實を通して明瞭に現はれてゐる。試みに法言に見える孟子批判を例示すれば、

古者楊墨塞レ路、孟子辭而闢レ之廓如也。（吾子）

或問レ勇、曰軻也、曰何軻也、曰軻也者謂二孟軻一也、若二荊軻一君子盜レ諸、請問二孟軻之勇一、曰勇二於義一而果二於德一、不下以二貧富貴賤死生一動中其心上、於レ勇也其庶乎。（淵騫）

或問下孟子知二言之要一知中德之奧上、曰非二苟知一レ之、亦允蹈レ之、或曰子小二諸子一、孟子非二諸子一乎、曰諸子者以二其知異一於孔子一也、孟子異乎、不レ異。（君子）

の如きが有る。漢の時諸子の列に置かれてゐた孟子の功績を右の如く高く評價し、之を諸子に異るものとして確認するに至つたのは、孟子を以て孔子の正當な繼承者と爲す認識を基礎とするものである。後漢において趙岐が孟子と孔子との旨意合符することを指摘し、更に晉に至つて袁瓌馮懷の徒が孟子を孔子の繼承者と見做すに足るとする上奏を爲したことが、宋書禮志に見えてゐる。此等の現象は何れも儒道の傳授を確立せんとする欲求が底流を爲すと解せられる以上、孟子憲彰の過程は卽ち道統思想完成の過程と言つて不可は無い。而して其の濫觴が實に揚雄に在るを思ふならば、道統史における彼の意義は大いに認められなければならないと共に、彼を以て道統

思想の發達に一時期を劃する者と爲すことも肯定されてよいであらう。唐に至つて韓愈が原道一篇を著して始めて道統を正式に問題として取り上げ、堯舜以來孟軻實は孟軻を經て自己に及ぶまでの道統を立てたのも、朱熹が更に二程子に及ぶ迄を詳述し得たのも、揚雄以來の道統思想の發達に負ふものと言はなければならない。韓愈朱熹に至つて道統組織の完成を見るのであるが、此の二人は何れも種々の意味に於いて經學の更新が必要とされた時期に際會して、其の更新事業の主軸と爲つたことに注意しなければならない。經學の更新が道統といふ人爲的歷史の整備に依つて推進され可能とされた事を見て、吾吾は經學の超歷史的理念が如何に其の自己保存上不可缺な利器たりしかを知ると共に、經學本來の合理主義に一つの大なる性格と限界とを附與するに至つたことを理解すべきである。經學に於ける合理主義的欲求は儒家思想の本質より當然導き出されるものであるが、一方道統思想の性格に依つて此の合理主義は非實證的觀念的たるべく要請せられ、歷史事實の再編成神話傳說の合理的解釋といふ方向に進むに至つた。朱熹の如きは此の意味に於ける傑出せる合理主義者であるが、彼の道統論に於いて、伊尹・傅說の如く儒家的には頗る雜駁な傳說要素を挾有する人物まで之を道統傳授の系列に措いて憚らざる事實は、經學的合理主義の性格を完全に表明したものと謂へる。此に存し得る合理主義は實證科學的な客觀性を十分備へた合理主義ではなく、常に意味を創造することに依つて自己を完結せんとする、極めて主觀的な合理主義である。

形式的合理性をのみ追求して、内容の不合理は第二位に措く立場である。要するに道統は經學に體系を與へる一つの手段であり、道統の中心的内容を爲す道なるものは所謂絶對眞理に外ならない。經學者は絶對眞理の思想に依つて經學に體系を確立し、歴史的矛盾を形式上止揚するに成功はしたもの丶、同時に其の超歴史性を徹底强化せざるを得ない結果と爲つた。これは道統思想の有する宿命である。

道統思想は道の完成を、考へ得べき最古の聖人に置くのであるから、第二代以下の賢哲は理論上單に之を保守祖述するのみで、之を本質的に進歩せしむることは有り得ない。朱子の説明に依れば、孔子の如きは其の全面的功業に於いて反つて堯舜に賢ると認められてゐるが、然し之は彼の環境と活動との然らしむる所たるに止り、道其のものに加へられた變化や發展に關して言はれるのではない。これは孔子自らが「述べて作らず、信じて古を好む」を以て標識とするが故ではなく、絶對眞理其のものには增損を施すべき餘地の存せざるが爲めである。人間の爲すべきことは絶對眞理卽ち仁義禮智の性が自己に先天的に具備する所以を自覺し、其の顯現擴充に努力すること、及び人を導いて努力せしむること、換言すれば所謂「性を盡くし性を復すること」に外ならない。伏羲・神農・黃帝・堯・舜が天に繼ぎ極を立て丶人民を敎化した所以も此に存する朱熹大學章句序。此等聖人の世は道が最も完全に實現された時期であるが、聖人の出現跡を絶つに及んでは道の實現亦從つて稀有と爲り、道統は堙沒の一途を辿る。つまり經學的解釋に依れば、道の實現は過去に存在したに止り、之を將來に期待し得べき可能性は乏しいのである。子思孟子二程の輩は絕對眞理顯現の爲めに絕大なる努力と功績とを遺した點で道統史上特筆すべき者であるが、然し滔々たる頹勢を挽回したといふ復古的意義を有するに過ぎないとされる。此の一點からのみ考へても、經學的歷史觀の實相は大體髣髴されるであらう。言ふ迄も無く其れは世の進步を否定する。少くとも精神生活に就いては進步を否定するものである。理想社會は道の最も普遍光被せる時、卽ち道統の出發點に存するのみで、以後の歷史は永遠の退步の過程に外ならない。世界史を道の實現への過程としてゞなく、却つて其の逆の方向に於いて理解し、史上多くの賢哲は此の決定的潮流に反抗し其の低落の速度を鈍化するに寄與せる者として認識されてゐるのである。これは經學の絕望的尙古主義の立場と甚だ密接な關係に在ること言を俟たない。一般に儒家は回顧的であり尙古主義なりと言はれてゐるが、原始儒家も旣に然りと考へるならば著しい誤謬である。彼等はただ、現狀に滿足せざる場合理想を空しく將來に寄せるより之を過去に實在したと考へ易き人間の通性と、事物の完全確實な理解は抽象的理解よりも具體的理解に存すると考へる漢民族的特徵とを具備するに止り、人間社會が全體として退步の方向を取りつゝありとは決して考へてゐなかつた。つまり彼等は現在及び將來より優る所の過去の實在を先づ信じ之を模範として將來の理想を導き出すのではなく、逆に未來に實現を期する所の理想が先づ獨立に構成せられ、然る後之を過去に投影して所謂先王の名に於ける具體的事實に假托するのである。過去が未來を規定するに非ず、未來が過去を創造する。未來に對して無價値ならば其の實在を過去に想定することを爲さない。故に原始儒家の尙古は單に說明技術の必要と彼等の先天的心理的傾向とから發する所の一の假裝であつて、實質上托古に外ならざる點に注意しなければならない。淮南子に

世俗の人は多く古を尊んで今を賤しめる。故に道を爲す者は必ず自己の所說を神農や黄帝に假託して然る後始めて人の耳に入れることが出來る。修務訓

と言ふのは善く實を衝いた言と思はれる。言必ず堯舜を稱して先王の道を謳歌せる孟軻は尙古主義者の代表とされるのが普通であるが、彼が社會進化に關して說く所の有名な一治一亂の法則は所謂尙古主義とは性格を異にするものである。卽ち彼は堯の時の洪水氾濫を一亂とし、禹の治水を一治とし、紂の出現を一亂とし、周公武王の平定を一治とし、東周の道義頽廢を一亂とし、孔子春秋の作を一治とし、楊墨の邪說流行を一亂とし、自己の辯を竊かに一治に當てゝゐるが、亂の次に期待せらるゝ治はそれぞれ獨立の意義を認められ、道統思想の說くが如き復古的性質のものとは爲されてゐない。又孟子は聖人出現の周期を五百歲と考へてゐるが、各聖人の存在意義はそれぞれ獨特に承認される點に於いて道統思想と相反する。且つ彼が頻りに引用する先王に關す

る傳說を吟味する時には、所謂尙古的傾向は其の實亦單に托古に過ぎないことが發見される。

獨り儒家のみに止らず、經學時代以前に在つては總ての思想家に就いて同樣のことが言へる。老子の

失レ道而後德、失レ德而後仁、失レ仁而後義、失レ義而後禮。（三十八章）

大道廢有二仁義一、知慧出有二大僞一。（十八章）

の如きは、多く道家の尙古性を立證する根據とされるのであるが、此の文は元來論理的關係を明かにせるもの、卽ち德は道の否定の上に始めて其の成立が許容せられ、仁は德の否定を待つて始めて其の成立が許容せらるゝことを論じたものであつて、之を單に時間的關係を示すと解するのは決して本義を得てゐない。實際に於いては、論理的相互關係を規定する文は多く時間的前後を示す場合と形式上同一の表現が使用せられ、又論旨暢達の必要上、論理的關係を時間的關係に托することも無いではないが、吾々は此の擬裝に欺かれてはならない。莊子の如きも全く同じで、彼の寓話中には一見尙古的と解し得る言辭が往々にして存するとしても、然し彼が眞正尙古主義者となりきるほど單純でなかつたことは次の一文が之を示す。

古を尊び今を卑しめるのは學者一般の風潮であるが、若し太古の豨韋氏の風を現代に比べたなら、誰でも驚動しないものは無いであらう。たゞ至人のみは世と同遊しながらしかも僻《かたよ》ら

ず、人に順應しながらしかも己れを失はない。余は彼の古を尊ぶの教へには固より學ばないが、同時に彼と特に分別を立てるものでもない。(外物篇)

これは明かに尙古を侮つた言である。元來道家は自然現象たると社會現象たるとを問はず、萬象を連續的變化の過程として把握し、主我を棄てゝ其の變化に順應する消極性に至上の價値を認めんとする。此の態度は現在といふ瞬間を過去未來と分離して獨立に解釋すること、換言すれば現在は其れ自體に於いて絕對の意義を有すると爲すことを意味する。斯る立場からは過去に對して現在未來より常に高い價値を與へ之に執着する思想は、發生しないのが當然である。規範を過去に求めようとする思想は道家とは根本的に方向を異にするからである。道家に在つて此の立場が極めて根本的であつたことは、魏晉の淸談家の思想にも見らるゝ所であり、又當時の思想を代表する抱朴子は其の鈞世篇に於いて、明かに世の進步を肯定し、詩文の如きも世人が多く現代の作を輕視して徒らに詩書を尊敬する謂れ無き尙古主義を嗤つてゐる。

以上に依つて、吾々は先秦諸思想中普通には最も尙古的と目せらるゝ儒道兩家さへ、實は尙古に非ずして托古に過ぎざるを知つたのであるが、儒家に於いても、例へば荀子の後王思想や公羊傳の三科九旨說の如く社會の進步を略ぼ是認する思想が存し、又一たび兩家の外に眼を廣げるならば、公然進化を主張して先王主義を徹底的に排擊する韓非子の如き者が有る。要するに、如何なる面より考究するも經學未だ成らざる先秦に尙古思想の存在を承認することは困難と謂はなければならない。社會的停滯性が未だ確立せず、學問思想に對する拘束が全く無かつた時としては當に然るべき所である。之に反し經學者の歴史觀は眞實尙古的であり、彼等は常に現在及び未來より高い價値を有する過去の實在を無條件に信じてゐる。朱熹が

> 物は久しくたてば自然に弊壞するものである。秦漢このかた、二氣や五行もやゝ昏濁してきて太古の如く淸明純粹でなくなつた。中星でさへ堯の時代から今日までに既に五十度も誤差を生じた。秦漢このかたは段々と弊壞した時代である。光武といふ人が出て少しよくなつたが、其の後は又好くない。再び唐の太宗が出て少しよくなかつたが、其の後又よろしからず、終に太古の如くなり得ない。

と言つたのは、正に眞正尙古主義者のみの抱き得る徹底せる絶望感を忌憚無く吐露したものと謂つてよい。堯舜時代は決して到達する能はざる永遠の彼岸に在り、人々は絶對眞理の實現に日一日と遠ざかりつゝあるを如何ともすることは出來ない。學者の任務並びに學問道德政治等文化活動の意義は、唯復古精神の振起に依つて其の速度を能ふ限り減少する點にのみ發見される。斯る消極的史觀は經學的文獻に充滿し、殆ど應接に遑が無い。例へば禮記儒行篇に儒の德を稱して

> 儒有二今人與居一、古人與稽、今世行レ之、後世以爲レ楷。

と有るが、かゝる屬性を以て儒を特徴附け得る所以は經學の尚古性を背後に豫想するからである。其の他

誥誓不レ及ニ五帝一、盟詛不レ及ニ三王一、交ニ質子一不レ及ニ二伯一。隱八年穀梁傳

三皇步、五帝趨、三王馳、五伯騖。鉤命訣白虎通引

の等、何れも古い時代ほど古いが故に優れりとする、眞正尚古主義の反映に外ならない。要するに消極的歷史觀は經學以前に存在せず、斯る社會退步の觀念が一般化するに至つたのは、社會の固定に應じて學問思想も本質的進步を停止した時、卽ち經學の成立と其の時期を同じくするのである。

加上思想は思想の發達が極めて自由なりし周末に出現した。これ新思想の發生に隨つて、より古き時代に於ける自己の理想社會の實在を主張し、自らの主張を權威附けんとする托古的欲求の致す所である。然し思想が一たび固定化して新しい理想社會の構想が生ぜざるに至れば、加上すべき觀念的過去も亦從つて發生せず、初め說明の便宜上設けられた過去は旋て眞實の過去として定着し、眞の尚古思想發生の溫床を爲すに至る。つまり尚古思想成熟の爲めには、一つの觀念上の過去が歷史的實在性を帶びるに足る時間の餘裕を必要とする。其の爲めには之を凌駕する理想的過去の構想が創造せられざるが如き狀態に社會が入らなければならない。經學確立以後の支那

社會は正に此の條件を滿足するものであつた。思想的にも社會的にも停滯的性格の濃厚と爲れる經學時代に於いては、進歩は原則上停止し、堯舜は永久に尙古の目標として固定的地位を獲得したのである。

尙古思想は飽く迄經學的歷史觀と俱に存するもので兩者は表裏の關係に立つ。之を儒家本來の歷史觀と無條件に同一視するのは事實を誣ひるの誹りを免れない。

自己擴大性

士人階級が自己を唯一の支配者として永久に存續せしめんと欲すれば、其の武器としての學問をも亦唯一のものたらしめなければならない。若し經學の外之と全く獨立の學問體系が別に存在する餘地有りとすれば、士人獨裁の基礎は常に脅かされることになる。勿論士人は之に備へて略ぼ間然する所無き諸種の手段を講じたのではあるが、然し制度的措置の如きは畢竟補助的役割を演ずるに過ぎず、根本的には經學自身が他の非經學的學問思想に對して如何なる存在方式を取るかといふ、精神上の問題を解決しなければならない。經學的には經は社會生活の原理を悉し、經學は學問の全部たる筈であり、且つ此の强い要請に依つて經學は夙に一つの世界を構成するに至つてゐた。政治原理は言ふを俟たず、道德法律制度慣習等凡ての社會規範から天文農業技術等に至る迄、苟くも社會生活と不可分の關係に立つ知識は盡く經學の包含する所であつた。例を五經に取れば、政治原理や法律の基礎理論が主として春秋に求められ、道德制度慣習等の理想的形式が主として禮經に求められたことは周知の如くなるのみならず、前漢の王式が三百五篇を昌邑王に說くに當り、忠臣孝子の篇に至れば王の爲めに反覆して之を誦し、危亡失道の君に至れば必ず流涕して深く之を陳べたといふ事實、齊詩韓詩に於ける五際六情の說の如き、又黃河を治むるに禹貢を用ゐ災異を察するに洪範の理を以てし、封建時代を去る千餘年の後に在つて猶ほ時弊を救ふに封建井田宗法を以てせんとする宋明の儒者に此の論を爲す者多しが如き、更に易の自然哲學的發展に見らるゝが如き諸の現象は、總て經學の世界的性格を示すと謂へる。若し視野を五經の外に轉ずるならば其處には一層廣凡な且つ高度の世界を發見するであらう。これは經學本來の姿であつて、特別に學問の廣いと言はれる例外的學者についてのみ言へるのではない。緯を以て呼ばれる一群の書に至つては、經學が如何に完備せる一箇の世界を形成してゐたかを窺ふに足る極めて善き材料である。人間生活に關する限り、如何なる知識と雖も經學に依つて提供せられざるは莫い。之を裏面から言へば、經學を支へる社會的條件は經學をして斯る廣範圍に涉る百科の知識を獲得具備し、以て知識的一大世界を形成せしめずんば已まなかつたのである。然らずんば唯一支配階級の哲學と爲つて其の存立に理論的基礎を與ふべき經學の使命は、遂行せらるべくもないからである。然し歷史的には經學成立後に於いても、古くは道教後れては佛教の如く、別の世界觀と別の生活原理とを提出して、經學の獨尊を許さゞらんとする情勢は事實上常に存した。此等は餌するに利祿を以てし縛するに制度を以てするのみでは屛息し得ざる理論と權威とを有してゐた。經學が若し異端の名の下に單に之を同次元的に排斥するに止るならば、士人階級支配の精神的支柱としての責務は到底果し得べくもないのであるが、幸ひにして自らの內容を改更するの危險を冒しつゝも、能く異質的思想及び學問を主體的に包攝するに成功したと謂ふことが出來る。より的確に言へば、士人支配を成立せしむる社會的條件は、自ら其の武器たる經學をして極めて高度にして自由なる自己擴大作用を危險無く營ましめたのである。

兩漢は經學の支配力最も强固なりし時代であつたが、後漢末政治的勢力の分散するに從ひ政權と密接な關係に在つた經學は衰微し、道佛の勢力は知識階級の精神生活を指導せんとする情勢を呈した。道佛の內面的深さは經學の思想的空虛性を極度に痛感せしめた爲めに、此の時代は正に經學の危機を爲したのであるが、斯る場合に於いてさへも經學の據つて以て立つ所の根柢が依然として嚴存し、經學の根本的動搖の理由が無かつた以上、其の本來の自己中心作用は周圍の刺戟を受けて却つて活潑になり得たのである。魏晉南北朝の學界に於ける顯著な特徵は、よく指摘される如く、經義を解するに釋老の思想を以てした點に在る。何晏や皇侃の論語に於ける、王弼の易注に於けるが如きは言ふを須ゐず、支道林・慧遠等優秀な沙門の輩出が經義の解釋に或る種の變貌を餘儀無くせしめたことは確かである。然し此の事實を以て簡單に經學の讓步とのみ解するのは果して妥當であらうか。經學の盛時に在つては、經學は總ての知識を自己中心的に整理せんとする强烈な欲求から、經と全く矛盾する異質的思想及び學問に對してさへ敢て經學的解釋を試みたことが有る。例へば後漢の范升は元來著名な經學者であるが夙に老子を善くし、其の上書に、

老子に「道を學べば日に損する」と曰ふのは、損とは約の意である。

「學を絕てば憂へ無し」とは末學を絕つことを意味してゐる。

の語が見える。これは玄學を解するに强ひて儒學を以てし、以て自己の立論を有利に展開せんと欲したものであり、其の解釋は老子の眞義を距ること固より遠い。斯る徹底せる經學中心的立場に對比するならば、釋老の理に依る經の解釋は一應經學の讓步と謂ふべきであるかも知れない。然し如何なる場合と雖も、問題は經學の主體性の存否に在る。此の見地から判斷すれば、經學が經義の解釋上釋老の義を一再ならず援用したのは、寧ろ其の健全性を物語るものと謂はなければならない。多大の讓步が自己の本質を動搖せしめず生命の脅威を伴はずして行ひ得たとするならば、其れは激動に對して猶ほ主體性を保持するに足る生命力を有したが爲めではあるまいか。かくて經學は釋老に併呑される代りに、釋老の理を獲て自己の不備を補ふに成功したのである。經

學は若干の内容的變化を甘受したのみで、却つて本來の自己擴大作用に依り中核體としての實を强固にし得たと謂つてよい。少くとも經學の側から言へば、一種の補强工作が施されて學問體系としての完全性を獲得したものと見なければならない。論語や周易が若し釋老的解釋を容れる餘地を有せざりしならば、其の理論的思想的價値は二氏の其れの下に屈服されたかも知れない。然し曾ての經學の盛時にのみ通用した傳統的解釋を棄てゝ、新解釋に基づく新たなる意義の創造を許す寛大さと强靱性とを失つてゐなかつた。二氏と平等に拮抗して勝負を爭ふ代りに、自己と二氏とを自己の中に於いて高次のものに止揚する主體的生命力を完全に具備してゐたのである。

經書の釋老的解釋の實例は枚擧に暇が無いほどであるが、論語皇疏に引く所の十三家等の注と周易王弼注とを指摘するのみでも充分であらう。

宋學の場合も同様である。唐の五經正義の成立に依つて經學は新統一時代に入つたもの丶、外教の刺戟は經學の此に晏如たるを許さない。正義は對内的に經義の統一を通して思想の統一を爲すには有效であつても、對外的には殆ど無力と謂つて過言でない。此の思想的弱體に對する認識と反省とは韓愈原道等の諸篇李翺復性書の言説に先づ看取されるのであるが、宋學の出現は此の時以來の經學改造の要請に應へる最後の仕上げと見られるのである。宋學が經學史上殆ど空前の哲學的展開を齎したことは周知の事に屬するが、其れは道佛二教に負ふ所が甚だ多い。經學者は韓愈以來擧つて排佛毀玄の態度を取るに拘らず、經學は内容的には其の力を假らざれば如何とも爲し得ざる實情に在り、又不斷に其の影響を被つてゐた。當時の經學に最も緊要の問題は宇宙論の構成、及び之を基礎とする人間性の哲學的解釋であつたが、斯る超越的問題は本來儒家の關心の外に在り、從つて純粹な儒家自身の思想的展開に依つては解決し得ざる範圍に屬する。此の爲めに經學者は一度正門から追放した二氏を再び竊かに後門より招き入れるの已む無かりしと共に、經學は彼等をして斯る奇術を敢行せしむる確固たる基礎を失つてゐなかつたのである。經學は彼二氏の輸血を受けることに依り、何等本質的變化を爲さずして中核體としての擴大作用を完全に遂行した。

河圖洛書の如きは宋學に於いて甚だ重要な意義を有するのであるが、其の傳承に就いて朱震は、

劉牧傳二於范諤昌ヨリ一、諤昌傳二於許堅一、堅傳二於李漑一、漑傳二於种放一、放傳二於希夷陳摶一。漢上易卦圖

と述べ、此の基礎哲學が五代宋初の一道士に發源することを示してゐる。邵雍の先天圖は、朱震の經筵表に依れば、陳摶より种放へ、种放より穆修へ、穆修より李之才に傳はつたと記されてゐるが、邵雍が李之才に學んだことは宋史本傳にも明文が存する。宋儒の哲學を支へる第三の根柢として、周敦頤の太極圖を擧げなければならない。其の「無極而太極」の說が後世朱陸の間に於ける有名な論爭を展開せしめ、又通書との關係に就いて經學者の間に多くの疑義を生ぜしめたことは、此の圖が本來重大な問題を内包する暗示であり、人をして其の純經學的產物に非ざるを思

はしめる。黄宗炎は遠く太極圖の源を探り次の如く論じてゐる。

周子太極圖創レ自ニ河上公一、乃方士修錬之術也、實與ニ老莊之長生久視一、又屬ニ旁門一、老莊以ニ虛無一爲レ宗、無レ事レ爲レ周、方士以レ逆成レ丹、多レ所ニ造作一、去ニ致虛靜篤一遠矣、周子更爲ニ太極圖一、窮ニ其本一而反ニ於老莊一、可レ謂下拾ニ瓦礫一而得中精蘊上、（中略）河上公本圖、名ニ無極圖一、魏伯陽得レ之、以著ニ參同契一、鐘離權得レ之、以授ニ呂洞賓一、洞賓後與ニ陳圖南一同隱ニ華山一、而以授レ陳、陳刻ニ之華山石壁一、陳又得ニ先天圖於麻衣道者一、皆以授ニ种放一、放以授ニ穆修與ニ僧壽涯一、（中略）修以ニ無極圖一授ニ周子一。

河上公のことは姑く措くとしても、陳摶以下の源流は朱震も言ふ所であり、否定すべき理由は無い。若し斯うした宇宙論的要素を儒家思想の中に求むるならば獨り漢易有るのみである。然し漢易の傳統は其の後儒家を離れて寧ろ道家に傳はり、彼に於いて特殊の發達を遂げた。宋儒は之を援用することに依つて、始めて自己の哲學體系を構成するに成功したのである。尙ほ彼等の思想には起信論唯識論よりの影響もまた少からざることは注目を要する。

明代の講學家の如きに至つては經學の自己擴大の範圍を極度に迄擴張した爲めに一見非經學的外觀を呈してゐる場合も有るが、然し經學を廢棄したり經學を全面的に離脫して別の世界に沒入するといふ根本的變革は、猶ほ認め得ないのである。王守仁の心學は正統的經學者の排斥措かざ

る所であるが、今其の朱子晩年定論の序を見るに

既乃稍知三從二事正學一、而苦二於衆說之紛撓疲薾、茫無レ可レ入、因求二諸老釋一、欣然有レ會二於心一、以爲聖人之學在レ此矣、然於二孔子之敎一、間相出入、而措二之日用一、往往缺漏無レ歸、依違往返、且信且疑、其謫官二龍場一、居レ夷處レ困、動レ心忍レ性之餘、恍若レ有レ悟、體驗探求、再更二寒暑一、證二諸五經四子一、沛然若下決二江河一而放中諸海上、然後嘆三聖人之道坦如二大路一、而世之儒者妄開二竇逕一、蹈二荊棘一、墮二坑塹一、究二其爲一レ說、反出二二氏之下一、宜乎世之高明之士、厭レ此而趨レ彼也、此豈二氏之罪哉。

と言つてゐる。これは自己の立場の形成過程を簡明に述べたのであるが、其處には孔敎を舍てて二氏に就かんとする意慾は毫末も無く、却つて二氏を經學的體系の下に吸收して其の刷新を企圖せんと欲したことが看取される。斯る態度は夙に元の呉澄にも現れてゐる。彼は訓詁の精講說の密を求め、學を爲して言語文字の末を離れざる末門末學の弊を指摘し、之を救ふに德性を完うするの說を提唱した。これは飽く迄聖學に得る有らんとする要求から發したもので、聖學の外に別の世界を求めんとする意志からでは決してない。要するに最も極端な講學家と雖も、當時の經學の弱點に對する反撥が健全な經學の當然所有すべき實證的性格を必要以上に廢棄せしめ、經學の存立可能な極限にまで二氏の思想を導入する結果と爲つたに過ぎない。經學的見地より觀れば固

より病的現象に相異無いとしても、病的なるの故を以て直ちに經學に非ずと謂ふことは出來ない。經學の自己擴大性は此に於いて其の限度に達したとしても、經學の主體性は猶ほ失はれるに至らなかつたのである。

斯くの如く經學は如何なる場合に於いても決して平等な面に於いて異端に對すること無く、常に自己を擴大しつゝ之を包攝吸收し來つたのであるが、此の不撓にして豐富な彈力性は經の創造的解釋たる其の本領から當然導き出される所に外ならない。而して如何に內容を擴充するも其の存立の根本に些かの脅威をも與へざりしは、畢竟經學を支へる支那社會の根本組織が依然變化を見なかつた故である。此の一事にして變化無からんか、經學は如何なる學問と雖も、經の創造的解釋の名の下に之を吸收同化するに困難を感じない。經學が此の能力を喪失した時こそ支那社會は根本的變革を遂げつゝあると考へて差支へ無いと思ふ。そして其れは同時に經學自身の崩壞しなければならない時機でもある。

經學の自己擴大機能の一變型と見るべき現象に擬經が有る。揚雄が經は易より大なるは莫しとして太玄を作り、傳は論語より大なるは莫しとして法言を作つたのに始り、王通が禮論二十五篇、樂論二十篇、讀書百五十篇、續詩三百六十篇、元經五十篇、賛易七十篇を作つたが如きは、擬經の雄として古今に喧傳される所である。擬經は聖人制作の特權を侵犯するものとして儒家の正統的立場からは彈劾せられ、又章學誠の如き歴史的立場を取る學者さへ「其の實無くして其の事を爲すの謂れ無き」ことを非難してゐる文史通義。經を聖人の制作に限定することに依つて其の純粹度を高く維持せんとする經學の本能的傾向、此の傾向は嚴格な資格審査を道統樹立の際に要求した原動力を爲したのであるが、此の傾向からすれば非聖人の擬經が非難されるのは一應異しむに足りない。然し玆に注意すべきは擬經する人の心理である。例を王通に取れば、彼が儒家の道に絶對の價値を與へ其の敬虔なる祖述者を以て自ら任じたことは、文中子中說到る所の言辭に依つて明言し得る所である。中說王道篇の首章に王道の行はれ難きを歎じて

服二先人之義一、稽二仲尼之心一、天人之事帝王之道昭昭乎。

と言ひ、敍篇に中說各篇の次第を論じて、

文中子之教繼二素王之道一、故以二王道篇一爲レ首。

と述べてゐるのは、彼の基本的立場を率直に露呈したものと言はなければならない。さればこそ阮逸が周公孔子孟子の傳授を敍した後に、

文中子聖人之修者也、孟軻之徒歟、非二諸子流一矣。

と言つて、王通を道統中の一位に置かんとさへしたのである。一一の考證は省くが、此の如き立場が擬經する者に共通する所と言へる以上、擬經は經學の外に在つて經學に對して一敵國を形成

せんとする欲求から生ずるものではなく、却つて經學の内に在つて其の守護に任ぜんとする精神の表現と見るのが妥當である。經書の擬作といふ形において此の欲求を達せんとしたことは、確かに經學の嚴正主義と抵觸する名分上の嫌疑は有るが、然し此の同一現象を裏から言へば、經學はかゝる名分上の自由放縱を寛容するに足る確固たる基礎を有したと解釋することが出來る。經の名においてする立言は一應自らを聖人の地位に置くものであり、此の限りにおいて一種の異物に相異無いが、經學は之を體外に擯斥する代りに之を吸收消化する機能を有してゐた。擬經を以て經學の擴大作用の一變型と見なす所以は此に在る。擬經を單に反經學的と考へるのは皮相であると思ふ。(註十三)

經學が道統の定立に際して示した嚴正な自己限定の作用は、異質的諸思想の同化や擬經の容認において發揮された自己擴大の作用に對比する時、其の方向において相反することは否定し得ない。偏廢することの出來ない此の兩種の作用が矛盾なく統一される所に、經學は存立の基礎を有したのである。

宗教的性格の問題

有史以來今日に至る迄遂に固有の體系的宗教の發生せざりし事實は、支那社會の一大特色として鋭く指摘される所である。經學が過去二千餘年に亙つて支那知識階級の精神生活を支配し來つたとすると、此の兩つの現象の間には積極的にせよ消極的にせよ、何かの關係が存するかも知れない。經學の宗教性を一應吟味する必要有る所以は此に在る。

經學は言ふ迄も無く儒家者流の手を經て成立し展開したものである。然るに儒家思想に元來宗教的要素が甚だ稀少であつたことは、其の思索の對象が常に現實社會に關する事項に限定せられ、其の思索の方法が頗る理智的なりしを以てしても容易に窺ひ知ることが出來る。故に孔子は其の疾篤きに際して子路が神に禱らんとするを知るや、

丘之禱久矣。

と言つて其の無意味を笑ひ、又鬼神に事ふるの道を問はるゝや、

未レ能レ事レ人、焉能事レ鬼。

と答へ、死の意義を問はるゝや、

未レ知レ生、焉知レ死。

と述べて、凡そ超現實的問題には思慮を加ふべからずとする根本法を明示してゐる。其の反面、事苟くも社會生活の現實問題に關する限り透徹せる觀察と眞摯なる考察とが要請せられたことは、孔子の言行に於いても枚擧に勝へない。此の根本的要請は彼をして「生れながらにして之を知

る者に非ず」の自覺に立ち、「學びて厭はず、誨へて倦まず」の經驗的方法を堅持せしめ、遂に「性相近し、習相遠し」として重きを先天的性に置かずして後天的學習の效に置かしむるに至つた。學問の課題は飽く迄人間の問題を解決し世道人心に益するに在り、其の方法は具體的であり、人間中心的である。學問の對象として人間を超越せるものが排斥せられるのと並行して、問題の解決も必ず人間自身の力を以てせんとする。博學・審問・愼思・明辨・篤行は徹底せる人間的努力であるが、此の努力を盡して猶ほ解決し得ざる問題は彼等に於いては原則上存在しない。故に曰く「愚なりと雖も必ず明かに、柔なりと雖も必ず强し」と。斯る立場は超越者の存在を豫想し其の偉大なる力を希求する方向に發展し難き制約を、本來的に内藏すると謂へる。端的に言つて彼等は徹底せる理性主義の所有者で、凡ての他力的態度に對して意識的に反撥してゐたと謂つて過言でない。原始儒家の取つた此の態度は後世儒家の性格を强く規定し、從つて其の繼承的展開たる經學も宗敎性の發達すべき原因に惠まれなかつたと謂はなければならない。然るに經學に强ひて宗敎的要素を加味し之を一宗敎體系たらしめむとする工作が、或る時期に於いて儒家の間に進められた。所謂緯學の發生が是である。緯は經に對する文であるから、此の名稱は其の學を以て經學の補翼と爲さんとする意圖を既に明かに示してゐる。其の名の對立するを見て、緯學を經學の外別に自ら體系を樹つるものと考へるならば眞を失ふものである。釋名が緯を解して緯圍也、反覆圍繞以成レ經也。

と言ふ所以は此に在る。緯學は一に讖緯學とも謂ふ。緯と讖とは本來は嚴然たる區分が有る。卽ち釋名は前記緯の解釋に續けて

讖纖也、其意纖微而有二效驗一也。

と言ひ、更に四庫提要の說明を籍りれば、

讖者詭爲二隱語一、預決二吉凶一、緯者經之支流、衍二及旁義一。

のであるから全く一類とは謂ひ得ない。然し實際上、少くとも現存の資料に就いて言へば、兩者は常に相伴ふ。前漢末郗萠が圖緯讖雜占を集めて五十篇と爲し、之を春秋災異と名けたことは既に兩者の類緣性を示すと考へられるが、更に王莽光武が並びに讖を利用して自己の地位を有利ならしめて後は、緯讖の交流は一層甚しきを加ふるに至つた。つまり讖は緯以外の形に於いて存すること無く、緯は其の內容に未來記的要素を含有するのを普通とする。後漢の尹敏は讖緯排斥論者である。其の言に曰く、

讖書非二聖人所一レ作、其中多二近鄙別字一、頗類二世俗之辭一、恐疑二誤後生一。後漢書儒林傳

近鄙別字は金卯刀を劉と爲すの類と解せられるが、若し然りとすれば、此の事は現存の文獻では緯書に見える所であるから、彼が之を讖と稱するのは既に兩者の別の失はれた證左であらう。張

衡は周知の如く最も實證的方法に依つて讖緯を批判した學者である。後漢書の著者は彼の上疏に冠するに

衡以圖緯虛妄、非聖人之法。

の文を以てするに拘らず、本傳所收の上疏の中、或ひは讖書と言ひ、讖錄と言ひ、春秋讖と言ひ、詩讖と言ひ、圖讖と言ふも、未だ嘗て一言緯と稱するを見ない事實は、亦讖緯の合一を示唆するものと考へられる。

讖緯の成立に關しては大多數の經學者は之を孔子に歸するを躊躇しない。卽ち

孔子既敍六經、以明天人之道、知後世不能稽同其意、故別立緯及讖、以遺來世。

と言ふ隋書經籍志の說は其の代表であるが、事實上此の學問が世に流行するに至つたのは前漢中葉以降に屬すること、及び其の思想內容から考へて、之を孔子に歸するの說が附會に失することは言ふ迄も無い。たゞ之が支持者に言はしむれば、內學及び祕緯の別名の示すが如く、

其理幽昧、究極神道、先王恐其惑人、祕而不傳。隋志

の說を以て其の晩出を解釋し、史記趙世家の「秦讖於是出矣」の語、秦本記の「亡秦者胡也」の豫言、並びに太史公引く所の「我欲載之空言、不如見之於行事之深切著明也」「失之毫釐、差以千里」の語がそれぞれ春秋緯及び易緯に現存することを以て、讖緯の古きを立證せ

んと努力する。清の朱彝尊の如きはやゝ合理的立場を取り、後漢の小黄門譙敏の碑に

其先故國師譙贛、深明二典奥讖錄圖緯一、能精二微天意一、傳レ道與二京君明一。

と有るを引き、讖緯の譙贛及び京房に出づるを主張し、兪正燮は

緯者古史書也。

と斷ずるに至つてゐるが、固より倶に滿足すべき說ではない。蓋し未來記的文獻は人間の本能的要求に應へるものであつて、其の機能の故を以て何れの世にも存在したことは否定し得ないが、今問題とするのは其れが一箇の組織的體裁の下に學又は思想として構成されたものであり、散在的文獻ではないのである。卜筮の書は本來其れ自身讖書である以上、漢易の世界に在つて種々合理的整理を加へられたことは想像に難からず、從つて京房の徒が之に關聯を有することを決して否定するものではないが、朱兪の兩氏言ふ所は思想以前の單なる素朴的未來記であり、漢代の緯學との間の區別意識は明晰を缺く。二氏の所謂讖緯ならば何れの時に有りと言ふも毫も妨ぐる所は無い。畢竟緯學の成立は前漢中葉を溯らざること、略ぼ張衡所論の如しと定めるの外は無い。

さて緯書の內容は經の支流にして旁義に衍及するの旨趣に背かず、極めて多方面に亙り、政治道德制度天文地理等凡そ人間の社會生活に關する事項の全般を悉すこと經と異る所無きのみならず、更に古帝王に關する奇怪なる傳說、王朝交代に隨伴せる自然現象の異變、陰陽五行說的宇宙

論、因果說、星占等、神祕的說話と理論とを夥しく載せてゐる。殊に總て人事と自然との間に一定の對應並びに因果律の存在を信ずる所謂天人相關思想は、此の一群の書に貫通し、且つ此の一群の書に於いて完成せられた觀を呈し、政治道德制度等を論ずるに際しても其の原理は必ず之に求められる。經の性格が常に人間的なるに反し、緯の性格は遙かに超越的である。これ緯の經と異る第一の點で、怪力亂神を語らざる儒家本來の態度と相去る遠しと謂はなければならない。第二の特徵は先王並びに孔子を神格化した點に在する。經に於いては先王も孔子も思想的理性的崇敬の對象たるに止つてゐるが、緯は轉じて之を信仰の對象とし一箇の偉大なる超人的豫言者たらしむるに成功した。故に讖緯の書に於いては、三皇五帝は皆超人的知能を有し、人間の感得する能はざる神の啓示を受けて將來を豫見し、其の生誕は特殊の星の精を藉りるとする感生帝說に依つて說明される。又孔子は秦の始皇の焚書を豫知して其の對策を怠らず、且つ漢朝の出現を知つて其の爲めに治國の理想案を提示したとさへ記されてゐる。

　趨作レ法、孔聖沒、周姬亡、彗星出、秦政起、胡破レ術、書紀散、孔不レ起。演孔圖公羊疏引

　邱攬ニ史記一、援ニ引古圖一、推ニ集天變一、爲ニ漢帝一制レ治、陳ニ敍圖錄一。演孔圖公羊疏引

　邱乃授ニ帝圖掇文一。鉤命訣文選注引

の如きを始め、同種の文殆ど枚擧に遑が無い。更に緯書に於いては孔子が漢以降の歷史に就いて

も豫見能力を有すとされたことは、

孔子曰、漢三百載、計レ厯改レ憲。 保乾圖 後漢書注引

等の文に依つて推知される。凡そ斯くの如きは尋常人間の能くする所ではない。そこで緯書は進んで孔子に超人間的要素を加へ其の神格を完成すべき必要に迫られる。

孔子母徵在游二於大冢之陂一睡、夢二黒帝使レ請レ己、己往夢交、語曰、女乳必於二空桑之中一、覺則若レ感、生二邱於空桑之中一、故曰二玄聖一。 演孔圖 藝文類聚太平御覽引

孔子長十尺、大九圍、坐如二蹲龍一、立如二牽牛一、就レ之如レ昴、望レ之如レ斗。 演孔圖 太平御覽引

仲尼虎掌、是謂二威射一、胸應レ矩、是謂二儀古一、龜脊輔喉駢齒。 鉤命訣 太平御覽引

の如きは、孔子の生誕及び肉體に關する非常性を以て之を神に致さんとする努力の一端に外ならない。讖緯學は特に上述の二點に於いて經の全く有せざる性格を具備するのであるが、之に依つて讖緯學の企圖した目的は明かに察し得る。其れは儒教を、孔子を教祖とする一宗教體系たらしめんとするに在る。孔子が精神能力に於いても肉體に於いても生誕に於いても非常の條件を具へるといふ主張は、正に此の目的を達成する爲めに必要だつたのである。

吾々は玆で斯る意圖が經學者の間に生じた原因に就いて討究しなければならない。勿論人間の宗教的欲求を經學の力を以て滿さんとする要請も無いではないが、それは一部の理由である。抑

も漢の時識緯學を倡道したのは實に今文學者であつたが、其の成熟期と目せらるゝ哀平の際は、哲學派たる今文學の停滯性と空虛性とが史學派たる古文學の實證性に壓倒されて、學界に於ける勢力の安定が失はれんとする時期に當る。左氏春秋以下若干の古文博士が立てられたのも此の時であつた。かゝる中に在つて頽勢を挽回することは、當時の今文派に與へられた最も重要な課題である。宗敎的要素の導入に依る儒敎の宗敎體系化は、此の課題解決の爲めに取られた手段に外ならないのであるが、其の要諦として彼等は國家との結合の問題を忘れなかつた。蓋し政治的勢力との關係を緊密にし、之を背景に荷ふのが學問隆昌の捷徑と認められたからである。今文學は武帝以來國家權力と特別の關係に入り、思想的標準の地位を與へられて來たのであるが、今や古文學の勢力と對決し自己の脆弱性を痛感せしめらるゝに及んでは、此の國家との關係を補强すべき必要に追られた。然し此の際に當つて學問思想の正常な展開向上には旣に期待し得ざる程、今文學說の內容が硬化的症狀に陷つてゐたことを看過してはならない。思ふに星占災異天人相關等の思惟は、呪術的社會に在つては極めて尋常の現象に過ぎない。然し今文學に具はる特殊思想や特殊論理は、今文學が士人階級の精神的支柱たる使命を完うする必要上、此の原始的思惟を統合發達し之を哲學的論理學的水準にまで向上せしめたものである。古文學の利は斯る意味の論理性を缺如する代りに、歷史と遊離せざる實證性を持する點に在つたのであるが、今文學が國家權威との關係の緊密化を圖つた場合、從來の歴史的制約の致す所、自己の好ましからざる特性を更に伸長する方向に於いて之を爲さゞるを得なかつたのは、已むを得ざる歸結であつた。つまり今文學は自己の地位を有利にする爲めに、愈々學問としての非正常的性格を增加しなければならなかつた。これ正に今文學に於ける歴史的必然と謂ふの外はない。此の爲めに特殊論理は總ての分野に亙つて最大限にまで徹底せられ、遂には漢の國家其のものゝ神聖性が神に依つて保證されると說かるゝに至る。而して此の要請に應じて新たに神の稱號を捧ぐる人物に、經學者として孔子を選んだのは極めて當然の成り行きである。殊に周公を尊崇して之を孔子の上に加へんとする古文派に對抗する爲めには、孔子の權威を從來と別の面において更に高める以外に方法は無い。孔子を一個の神と爲し、之をして漢の國家の出現を豫言せしめ、漢の爲めに法を制作して治國の根本原理を啓示したと說く讖緯思想の意圖は、總て此の一目標に集中されてゐた所以が、此に至つて判然とする。つまり政治的關心の下に宗敎性が要求されたのである。後王莽光武の出現した時に此の思想が依然として指導的勢力を政治及び學術の世界に維持したのも、結局其の發生以來の政治的性格に由來するものと謂へる。そして後漢一代を通じて緯學は經學界を風靡し、鄭玄の如きも篤く之を信じて經の注釋に多く其の說を援用し、又緯書の爲めに注を作つた程であるが、本來人間の苦惱を救濟せむとする純粹な動機に發するに非ざるが故に、政治勢力の轉變に從つて學界に於いても勢力を失ひ、低級な迷信に墮し、六朝に至つては其の學は禁遏せられ、其の書も後には散亡することゝ爲つた。歐陽修の如き合理主義的經學者に依つて指彈される所以は此に在る。(註十四)

經學に於いて內部から發生した唯一の宗教的要素たる讖緯思想が、以上の如く纔かに宗教の假面を被るのみで、實質上政治思想に過ぎざりしは、輕視すべからざる事實である。元來經學に於いても天地山川日月百物より祖先の祭祀に至るまで、宗教的儀禮は極めて重要な意義を認められ、其の具體的規定も詳密に說かれてはゐるが、此等一聯の信仰は凡て其の政治的意義のみが重んぜられ、獨立した宗教の形態を取る代りに、政治と結合して其の中に同居介在するのが支那に於ける一特異性を爲してゐる。祭祀の執行は其れを通してそれぞれ明瞭な政治的效果が豫定される。

夫祀國之大節也、而節政之所ㇾ成也、故愼制ㇾ祀以爲二國典一。國語魯語

國之大事在二祀與一ㇾ戎。成十三年左傳

凡治ㇾ人之道、莫ㇾ急二於禮一、禮有二五經一、莫ㇾ重二於祭一。禮記祭統

と言ふの諸文は並びに祭祀の政治的意義を强調して居り、呂氏春秋の十二紀月令の如きは祭祀を中心として一歲の行政を次序するに至つてゐる。又周官・唐六典を始め歷代の法典を檢するならば、宗教儀禮の執行は純然たる行政事項として取り扱はれ、自己の否定超越者に對する歸依といふ宗教的本質の全く存在せざることを發見する。封禪の禮はもと泰山に對する神仙的信仰より發

達したと推定せられるが、此が國家儀禮としての地位と形式とを定着するに及んでは、本來の意義を離れ天子の政治的成功を頌する所に最大の目的を置かれるに至つた。

封禪に關する文獻上の根據は經に存せず、僅かに之を緯書に求め得るに過ぎない。是に於いて六朝以後其の禮を廢止すべしとする主張が經學者の間から起つたのは注目に値ひする。梁の許懋が

舜柴二岱宗一、是爲二巡狩一、而鄭引二孝經鉤命決一云、封二于泰山一、考レ績燔レ燎、禪二于梁甫一、刻レ石紀レ號、此緯書之曲說、中略 若聖主不レ須二封禪一、若凡主不レ應二封禪一、

と言つたのは其の一例であり、後世胡致堂の如きも此の說に左袒してゐる。

祖先思慕の情に基礎を有する宗廟の祭りに就いて、禮記中庸には次の一條が見える。

父爲二大夫一、子爲レ士、葬以二大夫一、祭以レ士、父爲レ士、子爲二大夫一、葬以レ士、祭以二大夫一。

祭祀の際に於ける祖先の待遇は常に當事者たる子孫の社會的地位を以て律すべしとする旨意である。祖先崇拜の情は地位の左右する所でないに拘らず、此の主張は當事者と神靈との自然にして完全なる融和を阻止し、若しくは人爲的に或る制限を加へる結果と爲る。人が苦し父祖の祭祀を滿足すべき形に於いて執行せんと欲するならば、先づ社會的政治的榮達を得なければならない。儒家をして言はしむれば、此にこそ禮教的社會の本質が在るのであらうが、此の思想が制度と爲つて具體化せらるゝ時、宗廟の祭祀も亦現實的政治的行爲たるの性格を帶びるのは當然の歸趨で

あり、過去に於ける諸多の事實は現に之を證明してゐる。

以上の事は天地日月等を祭り得る祭祀上の特權が天子諸侯等社會的地位と嚴密に對應せしめられてゐる規定、例へば

天子祭二天下名山大川一、五岳視二三公一、四瀆視二諸侯一、諸侯祭下名山大川之在二其地一者上。

と定めらるゝ經學的秩序と對比する時甚だ興味が有ると思ふ。司祭を事とする特殊階級は士人より分離せず、士人は飽く迄政治家たる資格に於いて諸種の祭祀を司るのが支那社會の特徴である。支那に於いては祭祀上の特權者なるが故に政權を有するに非ずして、政治的權力の所有者なるが故に祭祀上の特權が認められるのである。士人の首席代表たる天子こそ正に其の最高位の者に外ならない。そして經學が其の士人階級と不可離の關係に在る以上、眞の宗教的性格とは本來緣遠いものであると同時に、又之を必要ともしないのである。

人間が現實の社會生活に就いて不滿を抱き希求を絶えず有する以上、假令體系的宗敎にまで發達せずとも何等か信仰的呪術的情念を生ずるのは當然である。これは上下貴賤の別無く人間に於ける普遍的現象と言つてよい。而して經學が既に此の情念を根本的に滿足する機能を缺如する以上、彼等は何に依つて之を滿したであらうか。其れは道敎佛敎及び兩者を核心とし複雜な要素を含みつゝ發達した所謂民間信仰の對象を爲せる神々である。庶人は勿論、公的には飽く迄經學を以て生活の規範とした士人と雖も、一たび私生

活に入れば多くは此等卑俗な神々の恩惠を被つてゐた。此の意味に於いて士人階級は一種の矛盾の中に生活するを餘儀無くされたと謂へるかも知れない。讖緯思想が經學內部から起つた宗教的要求であるに對し、外部から經學に附加された要素も絶無ではない。六朝に於ける三敎交涉の現象を始め、宋學と道佛との關係、陽明學に對する禪の影響 明末李卓吾の如きは其の極端なる例 等は其の著例である。然し如何なる場合と雖も經學に重大な影響を及ぼし又は之と結合し得たのは、理智的要素に限られてゐたことを看過してはならない。こゝにも經學の宗教に對する根本的傾向を窺ひ得る。

餘論

經學の成立條件、其の支那社會に於ける意義並びに其の主なる性格に就いて概見し畢れば、將來の支那社會に於ける經學の意義は自ら卜知される。經學は過去の支那社會を特徴附ける士人階級の擡頭と倶に始り、其の士人階級への貢獻の形式は飽く迄政治的現實的であつた。支那社會が根本的變革を遂げて士人階級が沒落すれば、經學は其の存立の基礎を失ひ其の使命を完了したと謂はなければならない。一つの文化體系が完全に其の使命を畢へれば新たなる文化體系の代つて形成されるのは當然である。將來に於いても所謂讀書人は固より遽かには跡を絶たざるべく、經の權威を肯定し之を生活の規範とする經學家も現れるかも知れない。又爲政者が政策的見地から孔子を尊び孔敎の普及を謀る場合も有らう。然し斯る條件が如何に具備しても、士人階級の社會的意義が復活せざる限り經學は永久に衰微の一途を辿るより外は無い。たとへ或る階層として昔日の士人的な知識人の集團が存在しても、其の支那社會に於ける意義が根本的に變つた以上は階級として潰滅したと謂ふべく、從つて經學を復活する能力も無いと謂はなければならない。

思ふに士人發生以前の封建時代に於いて、周室を中心とする封建制度の維持に有效に作用したのは、血緣的秩序たる宗法であつた。宗法に依つて大宗小宗族人の支配關係は嚴格に規定せられ、封建體制存立の基礎を支へてゐた。士人なる特殊の階級が未だ存せず、公卿大夫士なる身分關係が傳統的世襲的に維持された時代に在つては、假令支配關係の實質は權力に在るとしても、宗法をして社會秩序の原理として充分の機能を發揮せしむる理由が有つたのである宗主の有する經濟上の實力、三族九族の名。喪服關係等より言ふ。。然し封建制度が崩壞し士人支配の體制成るに及び、宗法の政治的機能は全く無力化せざるを得ざるに至つた。尤も宗法は其の性質上一朝に亡びることなく、苟くも宗族生活の營まれる所必ず權威を有するには相異無いのであるが、士人階級の支配といふ社會的條件は單に之のみを以て滿足する能はず、宗法の外血緣を離れ全く思想的產物たる新しい原理の發生を要請せずんば已まなかつた。これ士人階級なるもの丶非血緣的性格に由來する當然の歸趨である。

斯くて前漢以降の所謂經學時代を通じて、支那は法律道德制度等總ての社會規範より家庭生活の一行事に至るまで、凡そ經學の感化を被らざるは莫しと言ふも不可無き實情に在つた。董仲舒が春秋の義を以て獄を斷じ、唐六典等歷代の法典が經學思想に根據を置くといふ公的な面に就いてのみならず、現在猶ほ民間の禮俗にまで其の拘束力を發揮し、無知の庶民をして無意識の中に經學的秩序に從はしめてゐる場合さへ有るのである。以て過去に於ける其の勢力の偉大さを痛感せざるを得ないのであるが、其れにも拘らず將來に於ける其の存在意義は、最早經學時代に於けるが如きものではなく、極めて消極的惰性的たるを知らなければなるまいと思ふ。斯くて一旦士人支配の終焉に際し經學隨つて亡びたりとすれば、支那社會は經濟的には其の長き停滯性から解放せられ、政治的には二千年來の專制政治と袂を別ち、思想的には其の封鎖性を打破する第一歩を踏み出すべき機會に到達したと言つてよい。

註

註一　郭氏の說は其の著「金文叢考」に見える。德字が最初に現れるのは、同氏の說に依れば成王時代の器たる「班𣪘」であるが、それ以後「金文編」収むる所の十五器の德字は大體において 徳 の形を取つてゐる。此れは徝と心との會意文字で、徝は視の意味と考へられてゐる。郭氏はかゝる道德思想の存在を以て周を殷から區別し得る一大標幟と爲し、其の發生理由を周代に於ける階級分化の現象に求める。つまり階級の分化が進めば支配階級は此の種の理論を必要とするに至る、と言ふのである。此の見解は固より誤りではないが、かうした社會經濟的進步が人間存在の問題に就いて人人の關心を喚起する作用を發揮するといふ面も、十分考へる必要が有らうと思ふ。

註二　周頌「載芟」の詩は、「春時王者が籍田の禮を行つて社稷に豐年を祈つたことを詠んだ」とする小序の解釋そのまゝではないとしても、農事に關する詩たることは何人と雖も異存は無い。毛傳並びに鄭箋に依れば、主は家長、伯は長子、亞は次子、旅は子弟、彊は强力の人で、自己の田を耕して尙ほ餘力有り他人の田を耕す者、以は傭はれて他人の爲めに耕作に從ふ者、と解される。之に依れば彊と以とは無賃有賃を以て分別されるのみで、等しく自由民と認めてゐるやうである。然し周禮の遂人職に「彊予を以て甿《たみ》に任ず」といふ文が有り、以と予とは音義俱に通ずることを考へれば、詩の「彊以」は周禮の「彊予」と同一物に相異無い。周禮の彊以が自由民であり得ない以上、詩も此の線に沿うて解すべきこと言を俟たない。たゞ彊及び以の社會的階級が果して如何なるものであつたかを斷定し得ないのが遺憾である。凡そ周末春秋戰國の世が經濟史的に見て如何に規定せらるべきかは既に學者の聚訟して今なほ決せざる問題である。奴隷制から農奴制への中間に兩者並存の時代を一つの新しい範疇として立てることが、支那の如く長い過渡期を有した社會には妥當であり、眞實の理解を早からしめる所以ではなからうか。

註三　公山弗擾以レ費畔召、子欲レ往、子路不レ說《よろこば》曰、末レ之也已、何必公山氏之之也、子曰、夫召レ我者而豈徒哉、如有二用レ我者一、吾其爲二東周一乎、　論語陽貨篇

註四　經典釋文の序錄によれば、鄭玄は魯論語以下張侯論包氏周氏のテキストに就いて齊論語古論語との異同を考へて注を書いたと言はれる。現在釋文に遺る鄭注及び舊抄本鄭注殘卷を檢すると、古論を以て魯論を校し古論に從つた場合が多い。以て本例が彼の一般的態度に基くことを知るのである。

註五　姬姓たる周の天子は姬姓に娶らず、魯も姬姓の故を以て姜姓たる齊や子姓たる宋に娶ることは多いが、姬姓の國と婚姻關係を結んだ例は無い。獨り魯の昭公は姬姓たる吳に娶つた爲めに、本國の姓を諱んで論語では之を吳孟子と言ひ、春秋では之を孟子と書してゐる。普通ならば夫人の生國と姓とを連ね吳姬と呼ぶべきを、斯くの如く特異の呼び方をしたのは、同姓不婚の規範的權威を證するに足りる。

註六　齊の崔杼が其の君を弑した時、齊の臣であつた陳文子は財產を棄てゝ他國へ去り、其の國が亂れゝば更に

第三の國へと移動した。彼はかくするのみで反逆者を討つとか君に殉ずるとかはしなかつたのであるが、孔子は彼の行爲を「淸し」と評したのである。

晉の趙宣子（名は盾）は謀逆人を討たなかつた爲めに、大史によつて弑君の張本人と策書された。孔子は此の事に就いて、「惜也、越〻竟乃免」と言つたのであるが、これ卽ち儒家における臣の義務の限界に關する觀念を表明するものと言へる。子思が「臣はその舊君に對して服喪義務有りや」の質問に對し、「古への君は臣を敬したが故に服喪義務が有つたが、今日の君は一般に臣を虐待するが故に斯る義務などは全然無い」と答へた話は、事の實否は姑らく措き、儒家の君臣道德の本質に觸れる內容を有すると言へる。

註七　孔子が回顧的精神をも有したことは、「述而不作、信而好古」の語を示すのみで十分であらう。私もまさか其れ迄否定しようとするのでは勿論ない。然し生活感情的なものと理性的思惟的なものとは區別して見るべきである。德治的精神と封建的形式との結合に依つて成立する修正封建制度の如きものは、歷史的に存在した例は固より絕無で全くの思想的所產であり、孔子の創造に俟つものであつた。たゞ彼が此の制度を率直に自己の獨創として提出しないで、周公の本來の制度が斯るものであつたと稱する點に、彼の尙古的回顧的感情を感得するのである。然し此のことは、彼が此の理想に到達する迄に本文に述べたるが如き、當時として自由な角度からの批判が行はれた事を否定する意味を有するものではない。

註八　三統說は三種の異つた曆法を以て三種の異つた政治的理想の性格を表はした立場である。建寅の月（陰曆正月）、建丑の月（陰曆十二月）、建子の月（陰曆十一月）をそれ〴〵正月と定める曆で、之を人統地統天統と稱する。夏は人統を、殷は地統を、周は天統を用ゐたとする假定若しくは信念に立ち、王朝交代の理法を此の三統の此の順序に由る循環に求めるのが、即ち三統說である。王朝の全性格を曆法に集約したのは、農業時代における曆の重要性に起因すると思はれるが、かゝる曆が三代において採用された事實は實證し得ない。王朝の基本的性格を三種にまとめんとする三王思想（三王は夏殷周に限らない。現王朝、前王朝、前々王朝の三者をそれ以前の諸王朝から區別するのが此の概念の本質的內容である）が三統說と密接な關係に在るのは勿論である。

註九　兪樾の性論は賓萠集に見える。孟子が孩提の童も其の親を敬するを知らざる無しと言ひ、人が不善を爲すのを水を激して山に在らしむるに譬へ、又堯舜は人と同じきのみと言つたのを、悉く根柢から反駁し、人は他律的な禮義刑法の拘束に依つてのみ正しくあり得るといふ荀子の論に、全面的に贊意を表してゐる。王國維の性論は文集に見える。知識は先天的なものと後天的なものとに二分せられ、空間及び時間の形式並びに悟性の範疇は前者に屬し、經驗的知識は後者に屬する。然るに性と言へば知識の形式ではなくして明かに或る材質を有する知識であるから、先天的知識では勿論ない。同時に吾人が經驗上知り得る性は既に遺傳及び外界の影響を大なり小なり被つてゐる以上、性本來の面目を去ること甚だ遠い。これが性を研究の對象から排除せんとする彼の基礎理論である。つまり性は本來的に確實な知識の對象と爲り得る問題でないが故に、之を追求する時には性善性惡といふ永久の平行線を辿るのみで、何等決定的な結論に達し得ないと言ふのである。

註十　信南山の詩の關係部分を左に示す。

信彼南山　維禹甸ㇾ之
畇畇原隰　曾孫田ㇾ之
我疆我理　南二東其畝一（第一章）
中田有ㇾ廬　疆場有ㇾ瓜
是剝是菹　獻二之皇祖一
曾孫壽考、受二天之祜一（第三章）

廬とか瓜とか自己農場の作物を以て祖先を祭り家の繁榮を祈る農人の心がよく窺へる。若し廬が建造物ならば、「剝」と言ひ「菹」と言ひ、「皇祖に獻ず」と言ふのは、何の意味を爲すであらうか。

註十一　孟子は「夏后氏は五十にして貢し、殷人は七十にして助し、周人は百畝にして徹す」といふ史實を述べた後此の龍子の言を引用して貢法と助法との優劣を論じてゐる。助法貢法の差異に就いては多くの議論が存するが、龍子の言はんとする兩法の基本的性格は、助が何等か公田的制度を設けその面積を基準として徵收高を決定するに對し、貢は收穫物の量を以て徵收高を決定するといふ點に在ると思はれる。これは言ふ迄も無く兩者を支へる背後の土地制度そのもの〻差異を反映したものに外ならないが、龍子にせよ孟子にせよ、面積を基準とする場合は年年の一般的作柄に比例した妥當な徵收が自ら行はれるに反し、徵收量を一定する方法は其の固定性の故を以て年の豐凶に卽應し得ないことを、重大な缺點として意識してゐるやうである。徹法に就いては、徹は通の意で天下の通法なりとする解釋（鄭玄）、徹は取なりとする解釋（趙岐・劉熙）、徹は治なりとする解釋（毛詩傳）などが有るが、此の稅法の實體を明かにしたものは無い。疑ふらくは徹法は貢法の固定的短所を除く爲めに每年作柄を檢分し、之を基準として妥當な徵收高を決定せんとする方法ではなからうか。周禮の司稼に

巡レ野觀レ稼、以二年之上下一出二斂法一。

と有るのは徹法の精神と何か關聯するやうに考へられる。

註十二　媒氏の職務內容の主なるものは、

㈠成年以上の男女の姓名出生年月の登錄。

㈡結婚適齡者（男子三十歲女子二十歲を理想とする）の結婚の斡旋。

㈢仲春は結婚の最好期なるを以て父母の意志に反するも自由結婚を認める。故無くして拒む者は處罰する。

㈣妻又は夫を失つた男女の再婚の斡旋。

㈤納幣の規定（純帛五兩を越えてはならない）。

㈥夫婦間の紛爭の調停。


などである。此の種の特殊な官職を設置せんとする思想は注意されてよいと思ふ。

註十三　擬經には經書に擬して爲された全く新たな著作と、經書の亡逸せる部分を補足して作られたものとが有る。前記揚雄や王通の各書は前者に屬し、晉の束晳の補亡詩、唐の白居易の補湯征、皮日休の補大戴禮祭法の如きは後者に屬する。擬經は其の性質上經學時代に於いては寧ろ必然の隨伴現象と言つてよい。其の精神

は其の種類の如何を問はず、常に經學の忠臣たらんとする所に在つた。束皙は補亡詩の自序に於いて、「自分は同業の人たちと鄕飲酒の禮を習修したが、其の際に詠ずる詩が精神は判つてゐても詞辭の無いのが有つたので、遙かに既往に思ひを馳せて其の文辭を補つた」といふ意味のことを述べてゐる。晉の夏侯湛が「南陔」「白華」等六篇の亡詩を補ひ名けて周詩と曰つたのも、其の自序に依れば全く同じ考へから出發してゐる。

註十四　魏晉以後緯書への彈壓は頓に增大した。魏書に依れば魏の高祖は太和九年に禁緯の詔を出し、緯書が末世に起り經國の典に非ざることを指摘し、自今一切の圖讖祕緯及び孔子閉房記と名ける種類の書を悉く燒却せしめ、之を所藏する者を死罪に處した。南朝に於いても宋梁俱に禁令を布き、隋に於いても高祖煬帝相次いで之を禁じ、殊に煬帝は最も嚴重に遂行した。隋書經籍志が「是より復た其の學無く、祕府の中亦多く散亡す」と記す所以は此に在る。

歐陽修の指彈は、九經正義中の讖緯關係の文字を一切刪去すべしとする劄子に於いて見ることが出來る。其の目的は學者をして怪異の言に惑亂されること無く、學問德行を厚くし純ならしめんとするに在つた。つまり讖緯思想を經學內の異質的挾雜物と見做し、其の除去によつて經學世界の凡ゆる面の純粹度を高くせんとしたのである。然し宋の呂希哲の呂氏雜記には、仁宗は歐陽修の上書により學官をして諸經並びに正義中の讖緯の言を逐一摘出奏上せしめはしたが、時の執政が大して關心を示さなかつたので彼の主張は遂に實現しなかつた、と記されてゐる。

■岩波オンデマンドブックス■

原始儒家思想と経学

1949年 9月20日　第1刷発行
2014年 6月10日　オンデマンド版発行

著　者　重沢俊郎《しげさわとしろう》

発行者　岡本　厚

発行所　株式会社 岩波書店
〒101-8002 東京都千代田区一ツ橋 2-5-5
電話案内 03-5210-4000
http://www.iwanami.co.jp/

印刷／製本・法令印刷

ISBN978-4-00-730115-5　　Printed in Japan

索　　引

キ

ク

ケ

ヨ

ラ

リ

レ

ロ

ワ